吕氏春秋

[战国] 吕不韦·编
吴茹芝·编译

插图精译

陕西新華出版 三秦出版社

图书在版编目（CIP）数据

吕氏春秋 /（战国）吕不韦编 ; 吴茹芝编译. -- 西安 : 三秦出版社, 2008.01（2024.1 重印）
（国学百部经典丛书）
ISBN 978-7-80736-324-8

Ⅰ. ①吕… Ⅱ. ①吕… ②吴… Ⅲ. ①杂家②吕氏春秋一译文 Ⅳ. ①B229.2

中国版本图书馆 CIP 数据核字（2007）第 188773 号

书　　名　吕氏春秋
作　　者　[战国] 吕不韦 编　吴茹芝 编译
责　　编　陆　军
封面设计　新华智品

出版发行　三秦出版社
社　　址　西安市雁塔区曲江新区登高路 1388 号
电　　话　（029）81205236
邮政编码　710061
印　　刷　北京一鑫印务有限责任公司
开　　本　680×1020　1/16
印　　张　9
字　　数　130 千字
版　　次　2008 年 4 月第 2 版
印　　次　2024 年 1 月第 2 次印刷
标准书号　ISBN 978-7-80736-324-8

定　　价　39.80 元
网　　址　http://www.sqcbs.cn

前　　言

《吕氏春秋》又名《吕览》，是秦相吕不韦召集门下宾客辑合百家九流之说编写而成的。吕不韦，生年不详，卒于秦始皇十二年（前235年）。他原是阳翟（今河南禹县）的大商人，在经商期间，遇到了流亡赵国的秦公子子楚，当时子楚在赵国的处境很艰难，吕不韦很同情他，并认为子楚是“奇货可居”，于是用金钱资助子楚，并帮助他获得了继承王位的资格。公元前253年，子楚继承王位，是为庄襄王。庄襄王以吕不韦为丞相，并封他为文信侯。庄襄王死后，其子政立，是为秦始皇。秦始皇尊吕不韦为相国，号称仲父。在他执政为相期间，秦国出兵灭东周，攻取韩、赵、魏三国土地，为统一中国做出了积极贡献。秦始皇亲理政务后，将他免职，并迁去蜀，后忧惧饮鸩而亡。吕不韦为相期间，门下食客三千人，家僮万人。他命门客“人人著所闻”，著书立说，为建立统一的封建中央集权政治寻找理论根据，这些著作最终汇编成了《吕氏春秋》。

《吕氏春秋》成书在公元前239年左右。全书共二十六卷，由八览（六十四篇）、六论（三十六篇）、十二纪（六十篇）组成，一百六十篇，二十多万字。从形式上看，纪、览、论篇数都有一定，十分整齐；从内容的编排上看，也自成体系。现在的形式，是十二纪在前，八览居中，六论居于最后。因十二纪的篇名以月令为首，故称《吕氏春秋》；又因书中有八览，所以后

人也把这部书叫作《吕览》。学说以儒、道思想为主，兼收墨、法、名、农、阴阳、乐、兵各家言论，保存了先秦各家各派各种不同的学说思想，既有各家的精华，也有各家的糟粕，内容包括政治、军事、农桑、数术、天文、历法、教育、音乐、礼制、养生等诸多方面，还保存了古代许多遗文轶事和学术资料，所以从东汉班固起，把它列入杂家，是研究先秦学术、历史的重要资料。

《吕氏春秋》深得人们的好评。司马迁称它"备天地万物古今之事"，在《报任安书》中，甚至把它与《周易》、《春秋》、《国语》、《离骚》等相提并论。客观地说，《吕氏春秋》不是一部系统的哲学著作，它有一定的思想价值，但更主要的是资料价值。它的一些寓言故事，至今仍脍炙人口，富有教育意义。

编　者

2008 年 1 月

目　录

本　生

【原文】

始生之者，天也；养成之者，人也。能养天之所生而勿撄之谓天子[1]。天子之动也，以全天为故者也[2]。此官之所自立也[3]。立官者，以全生也。今世之惑主，多官而反以害生，则失所为立之矣。譬之若修兵者，以备寇也，今修兵而反以自攻，则亦失所为修之矣。

【注释】

〔1〕撄（yīng）：触犯。

〔2〕全：保全。天：指天所赋予人的天性与生命。故：事。

〔3〕官：职官，官吏。所自：所以。

【译文】

最初创造生命的是天，使它得到保养和生长的是人。能够保养天所创造的生命并不加损害的人就是天子。天子的所作所为都是为了保全天赋的生命与人性。这是设立官吏的根本原因。设立官吏是为了保全生命。现今时代的糊涂君主，设立很多官职反倒损害了生命，这就背弃了设立官职的本来意义。如建设军队吧，本来是用来防备外来侵略的；现在建设军队反倒用来自相攻击，就失去了建设军队的本来意义。

宴乐渔猎攻战纹壶　战国早期，盛酒器。通高40厘米，口径13.4厘米，腋径26.5厘米。现藏于故宫博物院。

【原文】

夫水之性清，土者扫之[1]，故不得清。人之性寿，物者扫之，故不得寿。物也者，所以养性也，非（所）以性养也[2]。今世之人，惑者多以性养物，则不知轻重也[3]。不知轻重，则重者为轻，轻者为重矣。若此，则每动无不败。以此为君悖[4]；以此为臣乱，以此为子狂。三者国有一焉，无幸必亡[5]。

【注释】

〔1〕扫(gǔ)：搅混，扰乱。

〔2〕性养：用生命供养外物，指嗜欲过当。

〔3〕轻重：高诱注："轻，喻物；重，喻身。"

〔4〕悖：谬误，惑乱。

〔5〕无幸必亡："必亡无幸"的倒文，言其国必亡，无可幸免（用俞樾说）。

【译文】

水的本性是清澈的，但因为泥土混杂在水里，所以才不清澈。人的天性是可以长寿的，但因为身外之物不断搅扰他，所以就不能长寿。外界的东西是用来修养生命的，而不是用生命去追求的。现时代的人们，糊涂的大多用生命去追求外界的东西，这就是不知道轻重了。不知道轻重，就会把重的当作轻的，把轻的当作重的。如果像这样，那么一举一动没有不失败的。如此做君主，就会上下离心离德；如此做臣子，就会乱纲乱纪；如此做儿子，就会狂妄自大。一个国家有以上三种情况之一的，就势必要灭亡，不可幸免。

【原文】

今有声于此，耳听之必慊[1]，已听之则使人聋，必弗听。有色于此，目视之必慊，已视之则使人盲，必弗视。有味于此，口食之必慊，已食之则使人喑[2]，必弗食。是故圣人之于声色滋味也，利于性则取之，害于性则舍之，此全性之道也。世之贵富者，其于声色滋味也多惑者，日夜求，幸而得之则遁焉[3]。遁焉，性恶得不伤？

【注释】

〔1〕慊(qiè)：快意，满足。

〔2〕喑(yīn)：哑。

〔3〕遁：通"循"，指放纵流逸而不能自禁。

【译文】

假设这里有一种音乐，耳朵听到它一定感到愉悦，但是听过它以后就会使人耳聋，那人们就一定不去听了；假设这里有一种色彩，眼睛看到它一定感到愉悦，但是看过它以后就会使人眼瞎，那人们就一定不去看了；假设这里有一种吃的东西，嘴巴吃到它一定感到愉悦，但是吃过它以后就使人哑巴，那人们就一定不去吃了。因此圣人对待音乐、色彩、食物的态度是：对生命有利的话就接受，对生命有害的话就抛弃。这是保全生命的办法。世界上尊贵富有的人在声色滋味方面大多是糊涂的。他们夜以继日地追求这些，侥幸得到了，就全身心地陷进去享乐，生命怎么能不受到伤害？

【原文】

万人操弓，共射其一招〔1〕，招无不中。万物章章〔2〕，以害一生，生无不伤；以便一生，生无不长。故圣人之制万物也，以全其天〔3〕也。天全则神和矣〔4〕，目明矣，耳聪矣，鼻臭矣，口敏矣，三百六十节皆通利矣。若此人者，不言而信〔5〕，不谋而当，不虑而得；精通乎天地，神覆乎宇宙；其于物无不受也，无不裹也〔6〕，若天地然；上为天子而不骄，下为匹夫而不惛；此之谓全德之人。

【注释】

〔1〕招：箭靶子。

〔2〕章章：明美繁盛的样子。

〔3〕天：这里指性与命。

〔4〕神和：精神和畅。

〔5〕不言而信：不说话而信义自存。

〔6〕裹：包含。

【译文】

一万个人拿着弓箭，一起射一个靶子，靶子不会不被射中；万物繁多而旺盛，一起来损害一个生命，那这个生命不能不受到伤害；如果是一起用来帮助一个生命，那么这个生命不会不生长。所以圣人整治万物，是为了保全他们的天赋人性与生命。天赋的人性和生命保全了，精神就和谐了，眼睛就明亮了，耳朵也敏感了，鼻子也嗅觉灵敏了，口齿也伶俐了，身上三百六十块筋骨都顺畅了。如果是这样的人，不说话也讲信义，做事不经过商量也是正确的，不经过思考也是得当的。灵犀通贯天地，精神覆盖宇宙。他们对于万物没有不能承受的，没有不能容纳的，就像苍天与大地一样。他们即使高居天子的尊位也不骄傲，即使处于下贱的百姓境地也不愁苦。这就叫作德行完全的人。

【原文】

贵富而不知道，适足以为患，不如贫贱。贫贱之致物也难，虽欲过之奚由？出则以车，入则以辇，务以自佚[1]，命之曰“招蹶之机”[2]。肥肉厚酒，务以自强，命之曰烂肠之食。靡曼皓齿[3]，郑、卫之音，务以自乐，命之曰伐性之斧。三患者，贵富之所致也。故古之人有不肯富者矣，由重生故也，非夸以名也[4]，为其实也。则此论之不可不察也。

【注释】

〔1〕佚(yì)：逸乐。

〔2〕招：致。蹶(jué)：足病。机：机械。此句言出车入辇，过分佚乐，不重锻炼，故为招致足病的机械。

〔3〕靡曼皓齿：指美色。靡曼指肌肤细腻。

〔4〕夸：虚夸。

头像金饰体　战国，金饰，高5.1厘米，宽3.2厘米，1977年出土于河北省易县燕下地30号墓，现藏河北省文物研究所。

【译文】

富贵却不明白养生之道，恰恰容易由此形成祸患，反而不如贫贱的人。贫贱的人想得到东西很困难，即使想奢侈又哪里有条件呢？出门乘车，进门坐辇，非要这么做来使自己安逸，这些车辇便可叫作“引发脚病的器械”；肥肉醇酒，非要用这些支撑自己，这种酒肉便可叫作“烂肠子食物”。女人的美貌姿色和郑、卫的靡靡之音，非要用这些来取乐，这种声色便可叫作“砍伤生命的斧子”。以上三种祸害，都是由于尊贵富有引起的。所以古时候有不愿意富贵的人，就是因为看重生命的缘故。这倒不是为了追求虚名，而是为了它的实在利益。那么，这个道理就不能不真正体会了。

重　己

【原文】

倕[1]，至巧也。人不爱倕之指，而爱己之指，有之利故也[2]。人不爱昆山之玉、江汉之珠，而爱己一苍璧小玑[3]，有之利故也。今吾生之为我有，而利我亦大矣。论其贵贱，爵为天子，不足以比焉；论其轻重，富有天下，不可以易之；论其安危，一曙失之[4]，终身不复得。此三者，有道者之所慎也。有慎之而反害之者，不达乎性命之情也。不达乎性命之情，慎之何益？是师者之爱子也，不免乎枕之以糠[5]；是聋者之养婴儿也，方雷而窥之于堂[6]；有殊弗知慎者[7]。夫弗知慎者，是死生存亡可不可，未始有别也。未始有别者，其所谓是未尝是，其所谓非未尝非，是其所谓非，非其所谓是，此之谓大惑。若此人者，天之所祸也。以此治身，必死必殃；以此治国，必残必亡。夫死殃残亡，非自至也，惑召之也。寿长至常亦然。故有道者，不察所召，而察其召之者，则其至不可禁矣[8]。此论不可不熟。

【注释】

〔1〕倕(chuí)：一作“垂”，相传是尧时的巧匠，一说为黄帝时的巧人。

〔2〕之：通“其”。

〔3〕苍璧小玑：苍璧为石多玉少的玉石。小玑为质量较差的珠。珠之不圆者为玑。

〔4〕一曙：一旦。

〔5〕师：瞽师，即盲乐工。枕之以糠：使爱子枕卧在谷糠中。糠易伤害眼睛。

〔6〕方：正当，刚刚。窥：使动用法。之：指“婴儿”。

〔7〕殊：过，甚。

〔8〕其：指死殃残亡和长寿两者。

【译文】

倕是最手巧的人了，可是人们不爱护倕的手指，而是爱护自己的手指，这是因为自己的手指对自己有所帮助的缘故；人们不爱护昆山的宝玉、江汉的明珠，却爱护自己的一块成色不高的玉石、一颗形状不圆的小珠子，这是因为自己的东西才对自己有用的缘故。现在，我的生命归我所有，给我带来的好处也很多。从贵贱方面来说，即使地位高到做天子，也不能够和它相比；从轻重方面来说，即使富裕到拥有天下，也不能和它交换；从安危方面来说，一旦有一天失去了它，就一生再也不能得到。这三个方面，是有道行的人小心的地方。有虽然小心但反而损害了它的人，这是没有领悟人性与生命的情理。不领悟人性、生命的情理，小心它又有什么用？这就像盲人虽然疼爱儿子，但却免不了让他枕在谷糠上；这就像聋子养育婴儿，正在打雷的时候却让他在堂屋里向外观望。这比起不知道小心的人又有过之而无不及。不知道小心的人，对生死存亡、可以不可以，从来没有辨别清楚。没辨别清楚的人，他们所说的正确不一定是正确的，他们所谓的错误也未必是错误的。这就叫非常糊涂。像这样的人是上天降祸的对象。用这种态度修身，必定死亡，必定遭祸；用这种态度治理国家，必定衰败，必定灭亡。这种死亡、衰败和灭亡不是自动找上门来的，而是糊涂招来的。长寿也常常是这样。所以有道行的人，不察看导致的结果，而察看引起它的原因，那么达到结果就是不可遏制的了。这个道理不能不彻底理解。

原始瓷龙梁壶　战国，高18厘米，出土于浙江省绍兴市，现藏中国国家博物馆。

【原文】

使乌获疾引牛尾[1]，尾绝力殚[2]，而牛不可行，逆也。使五尺竖子引其棬[3]，而牛恣所以之，顺也。世之人主贵人，无贤不肖，莫不欲长生久视，而日逆其生，欲之何益？凡生之长也，顺之也；使生不顺者，欲也；故圣人必先适欲。

【注释】

〔1〕乌获：秦武王的力士，据说能举千钧。

〔2〕殚（dān）：力尽。

〔3〕棬（juàn）：同“桊”。《说文》：“桊，牛鼻上环。”

【译文】

假如让像乌获这样的大力士用力拽牛尾巴，让牛跟他走。即使尾巴拽断了，人的力气用尽了，而牛还是不能带走，因为违反了牛的性子。假如让五尺高的小孩子牵着牛的鼻圈儿，牛就会跟他走到任何地方，因为这是顺应牛的脾性。世界上的君主、贵族，不论好坏，没有不想长命的，但是每天都在违反他们的生命本性，虽然想要长寿又有什么用呢？凡是寿命长久都是因为顺应它的本性，使生命不顺应的东西是人的欲望。所以圣人一定首先使自己的欲望适可而止。

【原文】

室大则多阴，台高则多阳，多阴则蹶，多阳则痿，此阴阳不适之患也。是故，先王不处大室，不为高台，味不众珍，衣不燀热[1]。燀热则理塞，理塞则气不达；味众珍则胃充，胃充则中大鞔[2]；中大鞔而气不达，以此长生，可得乎？昔先圣王之为苑囿园池也，足以观望劳形而已矣[3]；其为宫室台榭也，足以辟燥湿而已矣；其为舆马衣裘也，足以逸身暖骸而已矣；其为饮食酏醴也[4]，足以适味充虚而已矣；其为声色音乐也，足以安性自娱而已矣。五者，圣王之所以养性也，非好俭而恶费也，节乎性也[5]。

【注释】

〔1〕燀（dǎn）：过度，厚。

〔2〕中：指胸腹腔。鞔（mèn）：通“懑”，闷胀。

〔3〕劳形：劳动身体。古人以劳形为养生之法。古代名医华佗曾说：“人体欲得劳动，但不当使极耳。动摇则谷气得销，血脉流通，病不能生。”（《三国志·华佗传》）

〔4〕酏（yí）醴：用黍粥酿制的甜酒。

〔5〕节乎性：节制性情，使其适度。

【译文】

屋子大了，阴气就多了；台子高了，阳气就多了。阴气太多就会得腿脚行走不便的毛病，阳气太多就会得肌肉萎缩活动困难的疾患，这都是阴阳不适度引起的疾病。因此，先代的君王不住大屋子，不建造高台，饭菜不追求太多的山珍海味，衣服不追求穿得过暖，穿得过暖身上的经脉就会阻塞。经脉阻塞，气血就不畅通。饭菜太丰盛的话，胃就会太满；胃太满肚子就会发胀，肚子胀气就不通畅。用这种方式追求长寿能得到吗？从前先代圣王建造苑囿园池，只要足够观望和活动身体就行了；他们建造宫室台榭，只要足以躲避干燥和潮湿就可以了；他们制作车子、衣服，只要足够使身体舒适暖和就行了；他们吃饭喝酒，只要适合口味，填饱肚子就行了。他们编排歌舞音

乐，只要能定定精神使自己高兴就可以了。这五个方面，是圣王用来修养身心的，不是喜欢节俭，讨厌奢靡，而是要使身心得到适当的调节。

贵　公

【原文】

昔先圣王之治天下也，必先公，公则天下平矣。平得于公。尝试观于上志[1]，有得天下者众矣，其得之〔必〕以公，其失之必以偏。（凡主之立也，生于公）故《鸿范》曰[2]："无偏无党，王道荡荡；无偏无颇，遵王之义；无或作好[3]，遵王之道；无或作恶，遵王之路。"

【注释】

〔1〕上志：古记，指古代典籍。

〔2〕《鸿范》：又作《范洪》,《尚书 · 周书》中的一篇。

〔3〕或：有。今本《尚书 · 洪范》"或"字并作"有"。

【译文】

过去，先代圣王们治理天下，一定要把公正放在首位。公正的话，天下就太平了。太平是从公正得来的。尝试考察一下上古的记载，得到过天下的人很多，他们得到天下凭的是公字，那他们失去天下必定是由于偏私。凡是君主的设立，都是出于公正的目的。所以《鸿范》中说："不要营私不要结党，君王的统治才平坦宽广；不要偏向不要倾斜，遵守先王的法则；不要随意施加个人的喜好，遵循先王的大道；不要随意施加个人的憎恶，遵循先王的正路。"

【原文】

天下非一人之天下也，天下之天下也。阴阳之和，不长一类；甘露时雨，不私一物；万民之主，不阿一人[1]。伯禽将行[2]，请所以治鲁，周公曰[3]："利而勿利也[4]。"荆人有遗弓者，而不肯索，曰："荆人遗之，荆人得之，又何索焉？”孔子闻之曰：“去其‘荆’而可矣。”老聃闻之曰[5]：“去其‘人’而可矣。”故老聃则至公矣。天地大矣，生而弗子[6]，成而弗有，万物皆被其泽、得其利，而莫知其所由始，此三皇、五帝之德也[7]。

【注释】

〔1〕阿：偏袒。

〔2〕伯禽：周公之子，周成王封之于鲁，为鲁国的始祖。

〔3〕周公：姓姬，名旦，武王之弟，成王之叔，曾辅佐成王。

〔4〕前一“利”为施利，后一“利”为谋利。

〔5〕老聃(dān)：老子，春秋战国时楚苦县人，相传《老子》(《道德经》)为他所著。

〔6〕子：意动用法，以为子。

〔7〕三皇五帝：传说中的上古帝王，三皇指伏羲(xī)、神农、燧人。五帝指黄帝、颛顼(zhuān xū)、帝喾(kù)、尧、舜。亦有其他的说法。

【译文】

天下不是一个人的天下，是天下人的天下。阴阳的融和，不只是滋长一个物种；甘露时雨，不偏爱一物；亿万民众的主人，不能偏护一人。伯禽在即将起程赴任的时候请教用来治理鲁国的策略。周公说：“为民谋利而不要为自己谋利。”荆国有一个丢了弓的人，却不愿意去查找。他说：“荆人丢了它，还是荆人得到它，又何必去寻找呢？”孔子听到这件事后说：“去掉他话里的‘荆’字就可以了。”老聃听到这个说法后说道：“再去掉话中的‘人’字才好。”所以老聃是最公正无私的了。天地多么伟大啊！生育民众而不把他们当作自己的子孙，造就万物而不据为己有。万物都承受到它的恩泽，却没有人知道它是从哪里来的。这就是三皇五帝的功德。

彩绘鱼鹭纹漆盂　秦，1976年出土于湖北省云梦县睡虎地11号秦墓，通高8.8厘米，口径29厘米，底径16厘米。现藏于湖北省云梦县博物馆。

【原文】

管仲有病[1]，桓公往问之[2]，曰：“仲父之病矣，渍甚，国人弗讳，寡人将谁属国？”管仲对曰：“昔者臣尽力竭智，犹未足以知之也，今病在于朝夕之中，臣奚能言？”桓公曰：“此大事也，愿仲父之教寡人也。”管仲敬诺，曰：“公谁欲相？”公曰：“鲍叔牙可乎[3]？”管仲对曰：“不可。夷吾善鲍叔牙，鲍叔牙之为人也，清廉洁直，视不己若者，不比于人；一闻人之过，终身不忘。”“勿已，则隰朋其可乎[4]？”“隰朋之为人也，上志而下求，丑不若黄帝[5]，而哀不己若者；其于国也，有不闻也；其于物也，有不知也；其于人也，有不见也。勿已乎，则隰朋可也。”夫相，大官也。处大官者，不欲小察，不欲小智，故曰：大匠不斫，大庖不豆[6]，大勇不斗，大兵不寇。桓公行公去私恶，用管子而为五伯长[7]；行私阿所爱，用竖刀而虫出于户[8]。

【注释】

〔1〕管仲：春秋齐人，名夷吾，字仲，曾辅佐齐桓公成为春秋五霸之一。

〔2〕桓公：齐桓公，姓姜，名小白，春秋时齐国国君。

〔3〕鲍叔牙：齐大夫，贫贱时即与管仲相友善，是管仲最要好的朋友。

〔4〕隰(xí)朋：齐大夫，曾助管仲相桓公，成霸业，平戎于晋，与管仲同年卒。

〔5〕丑：意动用法，以……为耻辱。此句言以自己不如黄帝而感到羞耻。

〔6〕大庖(páo)：手艺高超的厨师。豆：祭祀用的笾豆。这里作动词用，摆设笾豆一类食器。

〔7〕五伯(bà)：通常写作“五霸”，指齐桓公、晋文公、秦穆公、宋襄公、楚庄王，他们是春秋时势力强大称雄一时的诸侯。

〔8〕竖刀(diāo)：一作竖刁，齐桓公的近侍。桓公时，五子争立，竖刀参与作乱，桓公尸体停床六十余日，以致尸虫爬出户外。

【译文】

管仲有病，齐桓公前去询问他，说：“您的病很重，如果一旦病情危急发生不幸，我将把国家托付给谁好呢？”管仲回答道：“以前我尽心竭力，还不能够知道这样一个人；现在得了重病，生死在于朝夕之间，我又怎么说得上来呢？”桓公说：“这可是大事，希望你能给我指教。”管仲恭敬地同意了，说：“您想要任用谁为相呢？”桓公说：“鲍叔牙可以吗？”管仲回答道：“不行。我很了解鲍叔牙。鲍叔牙的为人，清廉正直，对待不如自己的人，不愿和他们在一起。偶尔一次听到人家的过错，就终身不忘。万不得已的话，隰朋大概还可以吧。隰朋的为人，既能记取先世的事例，又能不耻下问。自愧不如黄帝，同情不如自己的人。他对于国家政治，有不去过问的事；他对于事物，有不去了解的方面；他对于人，有不重视的细节。不得已的话嘛，那隰朋可以。”相，是一个很大的官职。处于高官位置上的人，不想仔细察看微小之处，不想为小事用智慧。所以说，高明的工匠不亲手砍削，高超的厨师不亲自陈列餐具器皿，大勇的人不亲身去格斗，真正强大的军队不进行劫掠。桓公施行公正，抛却个人恩怨，任用管仲而成为五霸之首；后来徇私偏袒自己喜欢的人，重用竖刁而致使自己的尸体生蛆，爬满室内外。

【原文】

人之少也愚，其长也智，故智而用私，不若愚而用公。日醉而饰服，私利而立公，贪戾而求王，舜弗能为。

【译文】

人年轻的时候无知，等长大了就聪明了。所以如果聪明但却出于私心，不如愚笨却出于公心。自己整天醉醺醺的却要修饰衣服，谋求私利却要树立公正，贪婪暴戾却想要做天下之王，即使是舜也无能为力。

去　私

【原文】

天无私覆也，地无私载也，日月无私烛也，四时无私行也，行其德而万物得遂长焉。

【译文】

天的覆盖没有偏私，地的承载没有偏私。日月照耀四方没有偏私，四季的运行没有偏私。它们各自施行它们的恩德，所以万物才得以生长。

【原文】

黄帝言曰："声禁重，色禁重，衣禁重，香禁重，味禁重，室禁重[1]。"

【注释】

〔1〕"黄帝言曰"以下数句，与前后文义并不相关，苏时学推断："盖必《重己》篇内所引，而后人传写错误，混入此篇者。"

【译文】

黄帝说："音乐禁止过分，色彩禁止过分，衣服禁止过分，香气禁止过分，饮食禁止过分，宫室禁止过分。"

【原文】

尧有子十人，不与其子而授舜；舜有子九人，不与其子而授禹：至公也。

【译文】

尧有十个儿子，但是不把王位传给他的儿子却传给了舜；舜有九个儿子，但不传位给他的儿子却传给了禹。他们最公正了。

【原文】

晋平公问于祁黄羊曰[1]："南阳无令[2]，其谁可而为之？"祁黄羊对曰："解狐可[3]。"平公曰："解狐非子之仇邪？"对曰："君问可，非问臣之仇也。"平公曰："善。"遂用之。国人称善焉。居有间，平公又问祁黄羊曰："国无尉，其谁可而为之？"对曰："午可[4]。"平公曰："午非子之子邪？"对曰："君问可，非问臣之子也。"平公曰："善。"又遂用之，国人称善焉。孔子闻之曰："善哉！祁黄羊之论也，外举不避仇，内举不避子。"祁黄羊可谓公矣。

【注释】

〔1〕晋平公：晋悼公之子，名彪。祁黄羊：晋大夫，名奚，字黄羊。据《左传·

襄公三年》记载，黄羊荐贤事发生在晋悼公时。

〔2〕南阳：在今河南省获嘉县北。

〔3〕解狐：晋大夫。

〔4〕午：指祁午，祁黄羊之子。

秦始皇陵兵马俑·将军俑

秦，1974年出土于陕西西安市临潼区秦始皇陵兵马俑坑一号坑。通高196厘米，现藏于秦始皇陵兵马俑博物馆。

【译文】

晋平公向祁黄羊询问道："南阳没有县令，谁可以担当这个职务呢？"祁黄羊回答说："解狐可以。"平公说："解狐不是你的仇人吗？"祁黄羊回答说："您是问可以不可以，没有问谁是我的仇人。"平公说："说得好！"于是任用了解狐，国人都对此说好。过了一段时间，平公又问祁黄羊说："国家没有尉，谁可以担当这个职位？"祁黄羊回答道："祁午可以。"平公说："祁午不是你的儿子吗？"祁黄羊说："您是问可以不可以，没有问谁是我的儿子。"平公说："说得好！"于是又任用了祁午，国人对此说好。孔子听说了这件事说道："祁黄羊的说法太好了，推举外人不避开仇人，推举家里人不避开儿子。"祁黄羊可以说是最公正的了。

【原文】

墨者有巨子腹䵍〔1〕，居秦，其子杀人，秦惠文王曰〔2〕："先王之年长矣，非有它子也，寡人已令吏弗诛矣，先生之以此听寡人也。"腹䵍对曰："墨者之法曰：'杀人者死，伤人者刑'，此所以禁杀伤人也。夫禁杀伤人者，天下之大义也。王虽为之赐〔3〕，而令吏弗诛，腹䵍不可不行墨者之法。"不许惠王，而遂杀之。子，人之所私也，忍所私以行大义〔4〕，巨子可谓公矣。

【注释】

〔1〕墨者：指战国时的墨家学派，创始人为墨翟。腹䵍（tūn）："腹"是姓，"䵍"是名。墨家学派中有重大成就的人物，故称"巨子"。

〔2〕秦惠文王：名驷，公元前337—前311年在位。

〔3〕为之赐：赐给我恩惠，指秦惠文王赦免腹䵍之子的死罪。

〔4〕忍所私：指忍痛杀所私。所私，这里指儿子。"忍"含残杀之意。

【译文】

墨家有个大师腹䵍，住在秦国。他的儿子杀了人，秦惠王对他说："先生年纪已大，又没有其他儿子了。我已经下令有关官员，不杀您的儿子，先生在这件事上就听我的吧。"腹䵍回答说："墨家的法规说：'杀人的处死，伤人的给予刑罚。'这是用来制止杀伤人命的。禁止杀伤人命，这是天下的大道义。大王您虽然给予宽恕，下令有关官员不杀他，我腹䵍不可以不奉行墨家的法度。"腹䵍没答应惠王，于是处死了他的儿子。儿子是人们偏爱的，忍痛割爱而奉行天下的大道义，这位大师可以说是公正的人。

【原文】

庖人调和而弗敢食，故可以为庖。若使庖人调和而食之，则不可以为庖矣。王伯之君亦然，诛暴而不私，以封天下之贤者，故可以为王伯；若使王伯之君诛暴而私之，则亦不可为王伯矣。

【译文】

厨师调制饮食但不敢自己吃，所以才可以做厨师。如果是厨师烹调食物却自己吃了，就不能用他当厨师了。当王、伯的人也是这样，诛杀残暴的人但不私吞他们的财产，而是将其分封给天下的贤人，所以才可以当王、伯；如果是当王、伯的人诛杀残暴的人而去私占他们的财产，那也就不能当王、伯了。

贵　生

【原文】

圣人深虑天下，莫贵于生。夫耳目鼻口，生之役也[1]。耳虽欲声，目虽欲色，鼻虽欲芬香，口虽欲滋味，害于生则止。在四官者不欲，利于生者则弗为[2]。由此观之，耳目鼻口，不得擅行，必有所制。譬之若官职，不得擅为，必有所制。此贵生之术也。

【注释】

〔1〕这句话是说，为生而服役。"生"是君（主宰），故称耳目口鼻为"役"，即言它们要为生命服务（用毕沅说）。

〔2〕弗：衍文（用陈昌齐说）。

【译文】

圣人深入思考天下的事，认为没有什么比生命更宝贵的。耳朵、眼睛、鼻子和嘴，都是生命所支配的。耳朵虽然想听悦耳的声音，眼睛虽然想看好看的东西，鼻子虽然想闻芬芳的香气，嘴巴虽然想吃味美的食物，但如果对于生命有害就要制止。对于这四种感官来说不愿接受的事情，如果对生命有利就去做。由此看来，耳朵、眼睛、鼻子和嘴，不能擅自行动，必须有所制约。这就像担任官职一样，不允许任意行事，必须有所制约。这是珍重生命的方法。

【原文】

尧以天下让于子州支父[1]。子州支父对曰："以我为天子犹可也。虽然，我适有幽忧之病，方将治之，未暇在天下也。"天下，重物也，而不以害其生，又况于它物乎？惟不以天下害其生者也，可以托天下。

【注释】

〔1〕子州支父：古代的贤人，相传他是帝尧的老师，尧和舜都曾想把天下让给他。

史斿父鼎　西周早期，通高41厘米，宽19.5厘米，重2.52千克。释文：史斿父作宝尊彝鼎。

【译文】

尧把天下让给子州支父，子州支父回答说："让我做天子还是可以的。虽然是这样，但我正患忧愁的病，正要治疗，没有空余的时间用来治理天下。"天下是特别珍贵的东西，却不因为它来妨害生命，更何况其他东西呢？只有不拿天下来妨害生命的人才可以把天下交给他。

【原文】

越人三世杀其君[1]，王子搜患之[2]，逃乎丹穴[3]。越国无君，求王子搜而不得，从之丹穴。王子搜不肯出，越人薰之以艾，乘之以王舆。王子搜援绥登车，仰天而呼曰："君乎，独不可以舍我乎！"王子搜非恶为君也，

恶为君之患也。若王子搜者，可谓不以国伤其生矣，此固越人之所欲得而为君也。

【注释】

〔1〕三世杀其君：据《竹书纪年》载，这三个被杀的越君是不寿、翳、无余。

〔2〕王子搜：梁玉绳据《史记·越世家·索引》，认为搜即越王翳之子无颛。

〔3〕丹穴：采丹砂的井。

【译文】

越国人连续三代都杀死了他们的国君，王子搜很忧惧这事，就逃到了山洞里。越国没有国君，寻找王子搜却找不到。后来追到山洞，王子搜不肯出来。越国人用点着的艾草发出的烟把他熏出来，让他坐国君的车。王子搜拽着绳子上车，仰望苍天喊道："国君啊！为什么唯独让我来做呢？"王子搜不是厌恶做国君，而是厌恶做国君可能引来的祸患。像王子搜这样的人可以说是不因为国家而伤害他的生命的人了。这正是越国人要得到他而让他做国君的原因。

【原文】

鲁君闻颜阖得道之人也〔1〕，使人以币先焉。颜阖守闾，(鹿)〔粗〕布之衣，而自饭牛。鲁君之使者至，颜阖自对之。使者曰："此颜阖之家邪？"颜阖(对)曰："此阖之家也。"使者致币，颜阖对曰："恐听缪而遗使者罪〔2〕，不若审之。"使者还反审之，复来求之，则不得已。故若颜阖者，非恶富贵也，由重生恶之也。世人之主，多以富贵骄得道之人，其不相知，岂不悲哉！

【注释】

〔1〕颜阖(hé)：战国时鲁国的隐士，与鲁哀公同时。

〔2〕缪：同"谬"。遗(wèi)：加，给予。

【译文】

鲁国国君听说颜阖是个有道行的人，就派人先带着礼物去看他。颜阖居住在平民百姓住的地方，穿着粗布衣裳，正在亲自喂牛。鲁君的使者到了那里，颜阖自己接待他。使者说："这是颜阖的家吗？"颜阖答道："这是我的家。"使者送上礼物，颜阖说道："恐怕您听错而受到怪罪，不如回去把这事再核实一下。"使者回去问清楚了，又回来找颜阖，却找不到了。所以像颜阖这样的人，并不是厌恶富贵，而是由于珍重生命才厌恶它的。世界上的君主，大多因为富贵而看不起有道行的人，他们这样不了解别人，难道不可悲吗？

【原文】

故曰：道之真，以持身；其余绪[1]，以为国家；其土苴[2]，以治天下。由此观之，帝王之功，圣人之余事也，非所以完身养生之道也。今世俗之君子，危身弃生以徇物，彼且奚以此之也？彼且奚以此为也？

【注释】

〔1〕余绪：绪乃丝的端末，余绪指不必珍重的轻微之物，此处引申为剩余的精力，余技。

〔2〕土苴(jū)：土渣，指轻贱之物。苴，草。

【译文】

所以说：道的实质是用来保养身体，多余的部分可以用来治理国家。它剩下的琐碎部分用来治理天下。由此看来，帝王的功业不过是圣人的闲事，而不是用来保全身体、养护生命的道法。如今世俗认为是君子的人，危害身体，舍弃生命，全神贯注地投身外物，他们这样做是要干什么呢？他们又凭什么达到目的呢？

【原文】

凡圣人之动作也，必察其所以之，与其所以为。今有人于此，以随侯之珠弹千仞之雀[1]，世必笑之，是何也？所用重，所要轻也。夫生岂特随侯珠之重也哉？

【注释】

〔1〕随侯之珠：传说中的珠宝。"随"一作"隋"。《淮南子·览冥》注："隋，汉东之国，姬姓诸侯也。隋侯见大蛇伤断，以药敷之，后蛇于江中衔大珠以报之，因曰隋侯之珠。"

【译文】

凡是圣人行动做事，一定要看清要达到什么目的和怎样达到目的。假如现在有人用随侯的宝珠弹射高在千仞之上的飞鸟，世人一定会笑话他。这是为什么？所付出的代价沉重，而所得到的微不足道。那生命又何止随侯之珠的价值呢？

【原文】

子华子曰〔1〕："全生为上〔2〕，亏生次之〔3〕，死次之，迫生为下〔4〕。"故所谓尊生者，全生之谓。所谓全生者，六欲皆得其宜也。所谓亏生者，六欲分得其宜也。亏生则于其尊之者薄矣。其亏弥甚者也，其尊弥薄。所谓死者，无有所以知〔5〕，复其未生也〔6〕。所谓迫生者，六欲莫得其宜也，皆获其所甚恶者，服是也〔7〕，辱是也〔8〕。辱莫大于不义，故不义，迫生也，而迫生非独不义也，故曰迫生不若死。奚以知其然也？耳闻所恶，不若无闻；目见所恶，不若无见。故雷则掩耳，电则掩目，此其比也。凡六欲者，皆知其所甚恶，而必不得免，不若无有所以知。无有所以知者，死之谓也，故迫生不若死。嗜肉者，非腐鼠之谓也；嗜酒者，非败酒之谓也；尊生者，非迫生之谓也。

【注释】

〔1〕子华子：魏人，道家。

〔2〕全生：保全生命的天性，使六欲皆得其宜。

〔3〕亏生：六欲半得其宜，生命的天性受到一定程度的损伤。

〔4〕迫生：在屈辱下苟且偷生。

〔5〕所以知：指使认识外物的感知器官，人死之后，感知器官停止活动，故言"无有所以知"。

〔6〕此句意为恢复未出生时的状态。

〔7〕服：屈服。

〔8〕辱：受辱。

【译文】

子华子说："保全生命是最好的，损耗生命次一些，死又次一些，强迫生命最不好。"所以所谓尊重生命就是指的保全生命。所谓保全生命，是指六欲都能各自得到满足；所谓损耗生命，是说六欲部分得到满足。损耗生命就会

2号铜车马　秦代，重1241千克，1978年出土于陕西西安临潼区秦始皇陵兵马俑坑，现藏秦始皇陵兵马俑博物馆。

在保全生命方面减少一些。损耗得越厉害，保全的就越少。所谓死，就是无法知道六欲，回到没出生时的状态。所谓强迫生命，就是六欲没有一样得到满足，都是得到它们所讨厌的东西。屈服就是这种情况，耻辱就是这种情况。在耻辱当中没有比不义更大的，所以不义的行为就是强迫生命。然而强迫生命不只是不义一种。所以说“强迫生命不如死”。怎么才知道是这样呢？耳朵听到厌恶的东西，不如根本没听；眼睛看见讨厌的东西，不如根本没看。所以，打雷就捂耳朵，闪电就捂眼睛，这是类似的道理。所有的六欲，都知道它们所厌恶的东西，如果这些东西实在不能避免，就不如根本不知道六欲。不知道六欲就是说死了。所以，强迫生命不如去死。喜欢吃肉，不是说连腐烂的老鼠也吃；嗜好喝酒，不是说连变质的酒也喝；珍重生命，并不是说连强迫生命也容忍。

情　欲

【原文】

天生人而使有贪，〔贪〕有欲。欲有情，情有节。圣人修节以止欲[1]，故不过行其情也。故耳之欲五声，目之欲五色，口之欲五味，情也。此三者，贵贱愚智贤不肖欲之若一，虽神农、黄帝其与桀、纣同[2]。圣人之所以异者，得其情也。由贵生动则得其情矣，不由贵生动则失其情矣。此二者，死生存亡之本也。

【注释】

〔1〕修节：修明适宜之情。止欲：“止”当作“制”，因音近致误，制欲即控制情欲。

〔2〕神农：炎帝烈山氏，传说中的三皇之一。黄帝号轩辕氏、有熊氏。古人把他们尊为圣王。桀：名履癸，夏朝末代君主。纣：名受，殷朝末代君主。桀、纣是暴君的典型。

【译文】

天造就了人类而又使其具有贪心和欲望。欲望之中有感情，感情有适当的限度。圣人注意保持适度以节制欲望，所以不过分放纵自己的感情。因此，耳朵想要听五声，眼睛想要看五色，嘴巴想尝五味，这些都是情欲。这三种欲望，不论是高贵还是卑贱的人，不论是愚笨的还是聪明的人，也不论是贤德的还是不肖的人，想满足这些欲望的心理是相同的。即使是神农、黄帝也和桀、纣有同样的情欲。圣人之所以与众不同，是因为他们能够把握适度的感情，从珍重生命出发做事就能把握适度的感情，不从珍重生命出发就会失去适度的感情。这两种态度是决定死生存亡的根本因素。

青玉高足杯　秦，饮酒或饮水器。1976年9月出土于陕西省西安市未央区本刘村秦阿房宫遗址。杯高14.5厘米，口杯6.4厘米，足径4.5厘米。现藏西安市文物保护考古所。

【原文】

俗主亏情，故每动为（亡）败。耳不可赡，目不可厌，口不可满，身尽府种[1]，筋骨沉滞，血脉壅塞，九窍寥寥[2]，曲失其宜[3]，虽有彭祖[4]，犹不能为也。其于物也，不可得之为欲，不可足之为求，大失生本。民人怨谤，又树大仇；意气易动，蹻然不固[5]；矜势好智，胸中欺诈；德义之缓，邪利之急。身以困穷，虽后悔之，尚将奚及？巧佞之近，端直之远，国家大危，悔前之过，犹不可反。闻言而惊，不得所由。百病怒起，乱难时至。以此君人，为身大忧，耳不乐声，目不乐色，口不甘味，与死无择[6]。

【注释】

〔1〕府种：腐烂肿胀。“府”是“腐”之省文，“种”与“肿”通。

〔2〕九窍：人体的九孔，指五官的眼耳口鼻（七窍）外加肛门、生殖器（二阴窍），合称九窍。

〔3〕曲：尽，全。

〔4〕彭祖：传说中的高寿之人，颛顼帝之后，因封于彭城（今江苏省徐州市），故称彭祖。据说他活了八百岁。

〔5〕蹻(jué)然：蹻通“屩”，方士穿的鞋，引申为不坚固的样子。

〔6〕择：区别。

【译文】

世俗的君主缺少适度的感情，因此一做事就导致失败。他们的耳朵不可满足，眼睛不可满足，嘴巴不可满足，结果是全身浮肿，筋骨僵硬迟滞，血脉阻塞不通，九窍空虚，丧失了正常的机能。到了这种地步，即使是彭祖也无能为力了。他们对于外物，不能得到的想要得到，不能满足的渴求满足，严重丧失了生命的本来意义。百姓会怨恨和责骂他们，又等于树立了大仇敌。他们的意志精神容易动摇，变化快不坚定；他们炫耀自己的权势，好耍弄智谋，内心藏着欺诈；他们对于德义漫不经心，对于邪利急切追求。结果自身弄得走投无路，虽然那时后悔这样做，那又能怎么样呢？他们亲近奸诈的人，疏远正直的人，到了国家非常危急的时候，再后悔以前的过错，就为时已晚了。于是听到自己即将灭亡的言论就惊恐起来，却还不知道为何会有这种后果。于是各种疾病突然暴发，叛乱不断发生。用这种做法统治人民，造成自身的巨大忧患。以至耳朵听到美声不觉得愉快，眼睛看到美色不觉得高兴，嘴尝到美味不觉得香甜，这和死了没什么两样。

【原文】

古人得道者，生以寿长，声色滋味，能久乐之，奚故？论早定也[1]。论早定则知早啬[2]，知早啬则精不竭。秋早寒则冬必暖矣，春多雨则夏必旱矣，天地不能两，而况于人类乎，人与天地也同，万物之形虽异，其情一体也。故古之治身与天下者，必法天地也[3]。尊酌者众则速尽[4]。万物之酌大贵之生者众矣，故大贵之生常速尽。非徒万物酌之也，又损其生以资天下之人，而终不自知。功虽成乎外，而生亏乎内。耳不可以听，目不可以视，口不可以食，胸中大扰，妄言想见[5]，临死之上，颠倒惊惧[6]，不知所为，用心如此，岂不悲哉！

【注释】

〔1〕论：此指尊生的理论、信念。

〔2〕啬：爱惜，吝惜。

〔3〕法：象。

〔4〕尊：同“樽”，酒杯，此处指酒。

〔5〕妄言：指病重时的神昏呓语。想见：指因病而产生的幻觉。

〔6〕颠倒惊惧：指神经错乱和惊恐之状。

【译文】

古代得道的人，活得长寿，音乐、美色、滋味能够长久享受，这是什么原因？因为他们的珍重生命的观念早就确定了。观念早确定就知道早爱惜生命，知道爱惜生命精神就不会衰竭。秋天提早寒冷那么冬天一定温暖了。春天多雨那么夏天就一定干旱了。天地都不能两全，更何况人类呢？人和天地是相同的。万物的外形虽然不同，但它们的本质是一样的。所以古代人修身养性和治理天下，一定得效法天地。一樽酒，舀的人多，就会很快舀完。万物耗费国君的大贵之生的太多了，所以君主的生命常常很快耗尽。不只是万物耗费它，他自己又损害生命来帮助天下的人，却始终不知不觉。虽然在外界成就了功业，可是内在的生命亏损了。使得耳朵不能听，眼睛不能看，嘴巴不能吃，内心极乱，胡言乱语，幻听幻觉。临死之时，神魂颠倒，惊恐万状，不知道自己在做什么。耗费心神到这种地步，难道不可悲吗？

【原文】

世人之事君者，皆以孙叔敖之遇荆庄王为幸〔1〕，自有道者论之则不然，此荆（国）〔王〕之幸。荆庄王好周游田猎，驰骋弋射，欢乐无遗，尽傅其境内之劳与诸侯之忧于孙叔敖。孙叔敖日夜不息，不得以便生为故〔2〕，故使庄王功迹著乎竹帛，传乎后世。

【注释】

〔1〕孙叔敖：曾三次为楚国的令尹（宰相），他出身贫贱。荆庄王：楚庄王，春秋楚国国君，公元前613年—前591年在位，为春秋五霸之一。

〔2〕便生：有利于生性，犹今言有利于身心健康。故：事。

【译文】

世上为君主服务的人，都把孙叔敖被楚庄王赏识看成幸运的事。可是从有道的人那方面来谈论却不是这样，认为这是荆国的幸运。楚庄王喜欢到外游玩打猎，骑马射箭，欢乐无穷，而把他国家内政上的辛劳和外交上的忧苦全都推给了孙叔敖。孙叔敖日夜不停地操劳，无暇把养生之事作为自己的大事。因此才使楚庄王的功绩记载进史册，传给后代。

当染

【原文】

墨子见染素丝者而叹曰[1]：“染于苍则苍，染于黄则黄，所以入者变，其色亦变，五入而以为五色矣。”故染不可不慎也。

【注释】

〔1〕墨子：名翟（dí），战国初鲁国人，墨家学派创始人。

【译文】

墨子看见给素丝染色的情景感叹地说：“用青色染料染就变成青色，用黄色染料染就变成黄色，所加入的染料改变了，丝的颜色也改变。加入五种染料就变成五种颜色。所以染色不可不小心啊！”

【原文】

非独染丝然也，国亦有染。舜染于许由、伯阳[1]，禹染于皋陶、伯益[2]，汤染于伊尹、仲虺[3]，武王染于太公望、周公旦[4]，此四王者所染当，故王天下，立为天子，功名蔽天地，举天下之仁义显人必称此四王者。夏桀染于干辛、歧踵戎[5]，殷纣染于崇侯、恶来[6]，周厉王染于虢公长父、荣夷终[7]，幽王染于虢公鼓、祭公敦[8]，此四王者所染不当，故国残身死，为天下僇，举天下之不义辱人必称此四王者。齐桓公染于管仲、鲍叔，晋文公染于咎犯、郄偃[9]，荆庄王染于孙叔敖、沈尹蒸[10]，吴王阖庐染于伍员、文之仪[11]，越王句践染于范蠡、大夫种[12]，此五君者所染当，故霸诸侯，功名传于后世。范吉射染于张柳朔、王生[13]，中行寅染

于（黄）藉秦、高强[14]，吴王夫差染于王孙雄、太宰嚭[15]，智伯瑶染于智国、张武[16]，中山尚染于魏义、椻长[17]，宋康王染于唐鞅、田不禋[18]，此六君者所染不当，故国皆残亡，身或死辱，宗庙不血食，绝其后类，君臣离散，民人流亡，举天下之贪暴（可羞）人必称此六君者。凡为君非为君而因荣也，非为君而因安也，以为行理也[19]。行理生于当染，故古之善为君者，劳于论人，而佚于官事，得其经也。不能为君者，伤形费神，愁心劳耳目，国愈危，身愈辱，不知要故也。不知要故则所染不当，所染不当，理奚由至？六君者是已。六君者，非不重其国、爱其身也，所染不当也。存亡故不独是也，帝王亦然。

【注释】

〔1〕许由：上古传说中的高士，字仲武，颍川人，舜欲让天下给他，他不愿，后逃避于箕山。伯阳：传说为舜的七友之一，贤人。

〔2〕皋陶（yáo）：舜的法官。伯益：又作“伯翳”，舜臣，佐禹治水有功，禹死，让天下于伯益，不受而逃。

〔3〕伊尹：商汤的大臣，名挚，原为奴隶出身，为有莘氏女的陪嫁之臣，后曾佐汤王灭夏桀，位至阿衡（宰相）。仲虺（huī）：汤的左相。

〔4〕太公望：姜姓，吕氏，名尚，号太公望，曾钓于渭水之滨，周文王立他为师，尊为尚父，辅助武王灭殷，后封于齐。

〔5〕干辛、歧踵戎：夏桀的两个邪臣。

〔6〕崇侯：名虎，纣的亡国之臣。恶来：嬴姓，飞廉之子，纣的谀臣。

〔7〕周厉王：名胡，因荒淫暴虐被国人放逐。虢（guó）公长父：虢，国名，名长父，周厉王的卿士。荣夷终：荣，国名，名终，“夷”为谥号，周厉王的卿士。

〔8〕幽王：指周幽王，西周最后一个君王，公元前771年被犬戎杀于骊山下。虢公鼓：周幽王的卿士。虢，国名，名鼓。祭（zhài）公敦：周幽王的卿士。祭，国名，敦是名。

〔9〕晋文公：名重耳，献公之子，公元前639—前628年为春秋晋国国君，五霸之一。咎犯：狐偃，字子犯，为晋文公之舅，故又称舅犯。晋文公为公子时，出亡在外，狐偃跟随文公十九年，文公即位后，偃为文公出谋划策最多。郄（xì）偃：实为郭偃，因为掌卜（管占卜）的大夫，又称卜偃，曾参与晋国的变法。

〔10〕沈尹蒸：人名，他曾将孙叔敖推荐给楚庄王。沈，地名；尹，官名；蒸，当作“筮”。

〔11〕阖庐：或作“阖闾”，名光，春秋末吴国国君。伍员：字子胥。曾辅佐阖庐击败强楚。文之仪：吴大夫，“之仪”是名。

〔12〕句（gōu）践：春秋末越国国君。句，又写作“勾”。范蠡（lǐ）：越大夫，字少伯，楚人，功成后经商致富，号陶朱公。大夫种：文种，字少禽，楚人。范蠡、文种曾辅佐越王勾践发奋图强，终于灭吴。

秦公镈　春秋秦国，打击乐器。1978年出土于陕西省宝鸡市太公庙村。共出土三件。甲：通高75.1厘米，重62.5千克。乙：通高69.6厘米，重56.25千克。丙：通高64.2厘米，重46.5千克。现藏于陕西历史博物馆。

〔13〕范吉射：春秋时晋卿，名吉射，谥昭子。公元前497年，范氏、中行氏联合发难，攻打赵氏，结果被知氏、赵氏、韩氏、魏氏四家击败，范吉射被迫逃出晋国。张柳朔、王生：范氏的家臣，死于范氏之难中。朔、生二人与主人亲近，平日不能正范氏之过，致使范氏残亡，故此处认为他们给予主人以不良影响。

〔14〕中行（háng）寅：晋卿荀寅，谥文子，又称中行文子，他与范吉射是亲家，曾联合攻赵氏。黄藉秦、高强：荀寅的两个家臣。黄藉秦，《左传》作“籍秦”。据《左传》载，鲁定公“十四年冬十二月，晋人败范中行氏之师，获藉秦、高强”。

〔15〕夫差：吴王阖庐之子，吴国国君。曾大败越王勾践，后为勾践所灭。王孙雄：吴大夫。太宰嚭（pǐ）：吴太宰伯嚭。

〔16〕智伯瑶：又称荀瑶，晋哀公时为执政大臣，谥襄子。智国、张武：智氏的两个家臣。他们劝说智伯联合韩、魏以攻赵襄子，结果韩、赵、魏三家暗中联合起来，后灭掉智氏。

〔17〕中山尚：中山，春秋国名，其地在今河北省内，为魏所灭。尚，人名，疑为中山最后一个国君中山桓公（用孙诒让说）。魏义、椻长：中山尚的两个大夫。椻长一作“偃长”。

〔18〕宋康王：宋文公九世孙，名偃，攻其兄剔成，自立为王，荒淫无道，诸侯称为“桀宋”，齐、魏、楚伐宋，宋康王被杀，遂灭宋而三分其地。唐鞅、田不禋（yīn）：宋大夫。

〔19〕行理：施行大道。

【译文】

不仅是染丝如此，国家也有熏染的问题。舜受到许由、伯阳的熏染，禹受到皋陶、伯益的熏染，商汤受到伊尹、仲虺的熏染，武王受到太公望、周公旦的熏染。这四个君王所受到的熏染适当，所以能称王于天下，树立为天子，功名覆盖天地，每当列举天下讲仁义的显贵之人，一定是举出这四个君王。夏桀受到干辛、歧踵戎的熏染，商纣受到崇侯、恶来的熏染，周厉王受到虢公长父、荣夷终的熏染，周幽王受到虢公鼓、祭公敦的熏染。这四个君王所受的熏染不适当，所以国破身死，成为天下的耻辱。每当列举天下不义可耻之人，一定举出这四个君王。齐桓公受到管仲、鲍叔牙的熏陶，晋文公受到咎犯、郄偃的熏染，楚庄王受到孙叔敖、沈尹蒸的熏陶，吴王阖庐受到伍员、文之仪的熏染，越王勾践受到范蠡、大夫文种的熏陶。这五个君主所受熏染适当，所以能称霸诸侯，功名流传后世。范吉射受到张柳朔、王生的熏染，中行寅受到黄藉秦、高强的熏染，吴王夫差受到王孙雄、太宰嚭的熏染，智伯瑶受到智国、张武的熏染，中山尚受到魏义、椻长的熏染，宋康王受到唐鞅、田不禋的熏染。这六个君主所受熏染不适当，所以国家都衰败灭亡了，自身有的死亡有的受辱。宗庙再不能享受祭祀，断绝了后代；君臣分离失散，百姓流离失所。每当列举天下的贪婪残暴可耻的人一定是举出这六个君主。大凡做君主并不因为做君主就荣耀，不因为做君主就安逸了，而是要推行大道。推行大道是从受到适当的熏染而来的。所以古代的善于做君主的人在选择贤能的人才上多多用心，在日常的政务上却比较超脱，这是懂得了做君主的原则。不善于做君主的人，累坏身体，耗费精神，心情愁闷，眼、耳疲劳，可国家越来越危急。自身受到越来越大的侮辱。这是不知道做君主的诀窍。不知道做君主的诀窍，所受的熏染就会不适当，所受到的熏染不适当，大道从哪里来？那六个君主就是这样。这六个君主不是不看重自己的国家，不爱惜他们的身体，而是因为所受的熏染不适当。所受熏染关系到存亡，不只是这些君主是这样，帝王也是这样。

【原文】

非独国有染也〔士亦有染〕。孔子学于老聃、孟苏夔、靖叔[1]。鲁惠公使宰让请郊庙之礼于天子[2]，桓王使史角往[3]，惠公止之，其后在于鲁，墨子学焉。此二士者，无爵位以显人，无赏禄以利人，举天下之显荣者必称此二士也。皆死久矣，从属弥众，弟子弥丰，充满天下，王公大人从而显之，有爱子弟者随而学焉，无时乏绝。子贡、子夏、曾子学于孔子[4]，田子方学于子贡[5]，段干木学于子夏[6]，吴起学于曾子[7]。禽滑釐学于墨子[8]，许犯学于禽滑釐[9]，田系学于许犯[10]。孔、墨之后学显荣于天下者众矣，不可胜数，皆所染者当也。

【注释】

〔1〕孟苏夔、靖叔：他书未见，不详。

〔2〕鲁惠公：春秋鲁国国君，名弗皇，公元前768—前723年在位。宰让：鲁大夫。

〔3〕桓王：当作“平王”。惠公卒于周平王四十八年与桓王不相接。《竹书纪年》记请礼事在平王四十二年（依梁玉绳说）。史角：史官，名角。

〔4〕子贡、子夏、曾子：都是孔子的弟子。

〔5〕田子方：战国时魏国的贤士，魏文侯曾拜他为师。

〔6〕段干木：战国时魏人，隐居穷巷，不肯仕进，魏文侯很尊重他。

〔7〕吴起：战国时魏人，军事家。《史记·吴起列传》：“吴起事曾子，居顷之，其母死，起不归，曾子薄之，而与起绝。”

〔8〕禽滑釐：墨子的后学。一作“禽滑厘”或“禽滑黎”。

〔9〕许犯：墨家后学弟子。

〔10〕田系：墨家后学弟子。

【译文】

不仅是国家受到熏染。孔子向老聃、孟苏夔、靖叔学习。鲁惠公派宰让向天子请示祭祀天地和祖先的礼仪，桓王派史角前去，惠公留住了他。他的后代在鲁国，墨子向他们学习。以上两位贤士，没有官职爵位向人炫耀，没有赏赐和官禄来给别人好处。但是，列举天下显贵荣耀的人，一定举出这两个贤士。他们都死了很久了，追随他们的人越来越多，他们的学生越来越多，布满天下。王公大人也跟着赞扬他们。有的人爱护弟子，让他们跟着孔、墨以及他们的门徒学习，没有一时停止过。子贡、子夏、曾子跟孔子学习，田子方跟子贡学习，段干木跟子夏学习，吴起跟曾子学习。禽滑釐跟墨子学习，许犯跟禽滑釐学习，田系跟许犯学习。孔、墨的后代学生显耀尊荣于天下的太多了，数不胜数，都是由于受到的熏染适当。

孔子　名丘（前551－前479），字仲尼。春秋末期，思想家、教育家、儒家学派创始人。

劝　学

【原文】

先王之教，莫荣于孝，莫显于忠。忠孝，人君人亲之所甚欲也〔1〕。显荣，人子人臣之所甚愿也。然而人君人亲不得其所欲，人子人臣不得其所愿，此生于不知理义。不知理义，生于不学。学者师达而有材〔2〕，吾未知其不为圣人。圣人之所在，则天下理焉〔3〕。在右则右重，在左则左重，是故古之圣王未有不尊师者也。尊师则不论其贵贱贫富矣。若此则名号显矣，德行彰矣。故师之教也，不争轻重尊卑（贫富），而争于道〔4〕。其人苟可，其事无不可，所求尽得，所欲尽成，此生于得圣人，圣人生于疾学〔5〕。不疾学而能为魁士名人者，未之尝有也。疾学在于尊师，师尊则言信矣，道论矣。故往教者不化〔6〕，召师者不化〔7〕，自卑者不听，卑师者不听。师操不化不听之术而以强教之，欲道之行、身之尊也，不亦远乎？学者处不化不听之势而以自行〔之〕，欲名之显，身之安也，是怀腐而欲香也，是入水而恶濡也。

【注释】

〔1〕人亲：指父母。

〔2〕师：指老师。达：通达，博学。

〔3〕理：治，指天下治理好了。

〔4〕道：此指对道义和师道的尊重。

〔5〕疾学：努力学习。

〔6〕往教：指老师去找学生，这是有失师道之尊的。

〔7〕召师：指把老师叫来。《韩诗外传》三：孟尝君请学于闵子，使车往迎闵子。闵子曰："礼有来学，无往教。"与此同。

【译文】

先代圣王的教化中，没有什么比孝更荣耀的了，没有什么比忠更显赫的了。忠、孝，是作为君主、父母的非常想要得到的东西；显赫、荣耀，是作为子女、臣子的非常愿意拥有的东西。然而，作君主、父母的不能得到他们所想要得到的，作子女、臣子的不能得到他们所愿意拥有的。这种情况是因为不懂得理义而造成的，不懂得理义又是由于不学习造成的。学习的人，如果他的老师通达理义，自身又有才能，没听说过这样的人不成为圣人的。有圣人存在，天下就太平安定了。圣人存在于这边，这边就显赫荣耀；圣人存在于那边，那边就显赫荣耀。因此古代的圣王没有不尊敬老师的，尊敬老师就不管他是贵还是贱，是贫还是富了。像这样那么名号就显赫了，德行就显耀了。所以，教师教育学生，不计较他们的轻重、尊卑和贫富，而是注意他们是否能领会道。这个人如果可以，那么事情就没有不能做的，所追求的东西就都能得到，所想要做的就都能做成，这种情形只有得到圣人之后才会出现，圣人是在勤奋学习中产生的，不勤奋学习而能成为杰出的人、有名望的人，未曾有过这样的事。勤奋学习的关键在于尊敬老师。尊敬老师，那么老师所讲的话就能信服，道理就清楚了。所以应招前去教学的老师不能教化别人，召唤老师来教的人不可教化；自卑的老师不能使别人听信，看不起老师的人不会听信老师的教导。教师凭着不能教化人、不能使人听信的本领去勉强教育别人，想要让自己的道义施行，想要让自身受到尊重，那不是相差得太远了吗？学习的人处于不可教化、不听信教育的状态，而是随意地各自行事，还想要名声显赫、身体安逸，这是怀揣着腐臭的东西却想闻香味，进入水中却讨厌被水沾湿。

金虎符　出土于陕西省凤翔县，仅存半符。高2.3厘米，长4.8厘米，重35.6千克。金制。现藏西安市文物保护考古所。

【原文】

凡说者，兑之也[1]，非说之也。今世之说者，多弗能兑，而反说之。夫弗能兑而反说，是拯溺而硾之以石也[2]，是救病而饮之以堇也[3]，使世益乱；不肖主重惑者，从此生矣。故为师之务，在于胜理[4]，在于行义。理胜义立则位尊矣，王公大人弗敢骄也，上至于天子，朝之而不惭。凡遇合也，合不可必，遗理释义以要不可必，而欲人之尊也，不亦难乎？故师必胜理行义然后尊。

【注释】

〔1〕兑：通“悦”，喜悦，使动用法，使人欢喜。

〔2〕硾(zhuì)：使物下沉。

〔3〕堇(jǐn)：药草名，有毒，能毒死人。

〔4〕胜：等于说有说服力。

【译文】

凡是进行说教，应使对方心悦诚服，而不是进行生硬的说教。当今的世上的说教者，大多不能使人心悦诚服，反而生硬地说教。不能使人心悦诚服反倒生硬地说教，这就像拯救落水的人反倒用石头让他沉下去，这就像救治病人却反倒给他喝毒药，使得世道越来越乱、不肖的君主越发昏惑的情形从此就出现了。所以当老师的首先要做的事情就在于明辨事理，推行道义，事理明辨了，道义确立了，那么老师的地位就尊贵了，王公大人们就不敢慢待他们了。上至天子召见他也受之无愧。凡是相遇，会合到一起，相互间的和谐不可强求。如果丢掉事理放弃道义而去追求不一定能得到的东西，却想要别人尊敬他，不也太难了吗？所以老师一定要明辨事理，推行道义，然后才能尊贵起来。

【原文】

曾子曰：“君子行于道路，其有父者可知也，其有师者可知也。夫无父而无师者，余若夫何哉！”此言事师之犹事父也。曾点使曾参〔1〕，过期而不至，人皆见曾点曰：“无乃畏邪〔2〕？”曾点曰：“彼虽畏，我存，夫安敢畏？”孔子畏于匡〔3〕，颜渊后，孔子曰：“吾以汝为死矣。”颜回曰：“子在，回何敢死？”颜渊之于孔子也，犹曾参之事父也。古之贤者与〔4〕，其尊师若此，故师尽智竭道以教。

【注释】

〔1〕曾点：曾参之父，孔子的弟子。使：派遣。

〔2〕畏：通“围”。下文的“孔子畏于匡”，即“孔子围于匡”。

〔3〕孔子畏于匡：公元前497年（孔子五十五岁）十月，孔子去卫适陈，在经过匡地（今河南省长垣县境）时，匡人误认孔子为阳虎，围困了孔子。

〔4〕与：语气词。

【译文】

曾子说："君子在道路上行走，其中父亲仍在世的可以看出来，其中有老师的也可以看出来。那些没有父亲又没有老师，其他人又能对他们怎么样呢？"这是说尊敬老师就像尊敬父亲一样。曾点派曾参出去办事，过了预定的日期还没有返回，人们见到曾点都说："莫不是遭难了吧！"曾点说："他即使要死了，我还活着，他怎么敢死呢？"孔子被困在匡，颜渊落到了后面，孔子说："我以为你已经死了呢？"颜渊说："您还活着，我颜回怎么敢死呢？"颜回对待孔子犹如曾参对待父亲。古代的贤人，正因为他们尊敬老师到这种地步，所以老师才竭尽全力去教他们。

尊　师

【原文】

神农师悉诸[1]，黄帝师大挠[2]，帝颛顼师伯夷父[3]，帝喾师伯招[4]，帝尧师子州支父，帝舜师许由，禹师大成贽[5]，汤师小臣[6]，文王、武王师吕望、周公旦，齐桓公师管夷吾，晋文公师咎犯、随会[7]、秦穆公师百里奚、公孙枝[8]，楚庄王师孙叔敖、沈尹巫，吴王阖闾师伍子胥、文之仪，越王勾践师范蠡、大夫种。此十圣（人）六贤者，未有不尊师者也。今尊不至于帝，智不至于圣，而欲无尊师，奚由至哉？此五帝之所以绝，三代之所以灭。

【注释】

〔1〕悉诸：传说为神农的老师。

〔2〕大挠：相传为黄帝史官，据说他是以天干地支相配纪日之法的创始人。

〔3〕伯夷父（fǔ）：传说为颛顼之师。

〔4〕喾：传说中的五帝之一，号高辛氏。伯招：也作"柏招"，传说为帝喾之师。

〔5〕大成贽（zhì）：传说为禹的老师。

〔6〕小臣：指伊尹。

〔7〕随会：士会，字季，晋大夫，因食采邑于随和范地，故称随会、随季和范季，死后称随武子或范武子。

〔8〕秦穆公：名任好，公元前659—前621年在位，为春秋五霸之一。百里奚：姓百里，名奚。出身贫贱，是秦穆公用五张羊皮把他从楚国赎回的，故称五羖大夫，为秦相七年，使秦穆公成为五霸之一。公孙枝：姓公孙，名枝，字子桑，秦大夫。

【译文】

神农拜悉诸为师，黄帝拜大挠为师，帝颛顼拜伯夷父为师，帝喾拜伯招为师，帝尧拜子州支父为师，帝舜拜许由为师，禹拜大成贽为师，汤拜小臣为师，文王、武王拜吕望、周公旦为师，齐桓公拜管夷吾为师，晋文公拜咎犯、随会为师，秦穆公拜百里奚、公孙枝为师，楚庄王拜孙叔敖、沈尹巫为师，吴王阖闾拜伍子胥、文之仪为师，越王勾践拜范蠡、大夫文种为师。这十个圣人，六个贤人，没有不尊重老师的。现在的人，尊贵没有达到帝的地位，智慧没有达到圣人的水平，却要不尊重老师，怎么能达到帝、圣的境界呢？这正是五帝绝迹，三代不再现的原因。

吕望　商周时期军事家，生卒不详，又名尚，姜姓。吕氏，字子牙。齐国始祖，称太公望，俗称姜太公。其是周灭商的主要策划者。

【原文】

且天生人也，而使其耳可以闻，不学，其闻不若聋；使其目可以见，不学，其见不若盲；使其口可以言，不学，其言不若爽[1]；使其心可以知，不学，其知不若狂。故凡学，非能益也，达天性也。能全天之所生而勿败之，是谓善学。子张[2]，鲁之鄙家也；颜涿聚[3]，梁父之大盗也；学于孔子。段干木，晋国之大驵也[4]，学于子夏。高何，县子石[5]，齐国之暴者也，指于乡曲，学于子墨子。索卢参，东方之巨狡也[6]，学于禽滑黎。此六人者，刑戮死辱之人也，今非徒免于刑戮死辱也，由此为天下名士显人，以终其寿，王公大人从而礼之，此得之于学也。

【注释】

〔1〕爽：与“喑”同义，不能说话的意思。

〔2〕子张：姓颛孙，名师，字子张，孔子的弟子。

〔3〕颜涿聚：名庚，它书作“颜烛邹”、“颜斫聚”、“颜啄聚”，齐大夫，孔子弟子，死于鲁哀公二十三年（前472）犁丘之役，故《淮南子》称他“为齐忠臣”，此篇言“以终其寿”，盖为误记。

〔4〕驵（zǎng）：市侩，古代集市贸易的经纪人。

〔5〕高何：姓高，名何，字石子，墨子弟子。县子石：县子硕，见《墨子·耕柱篇》，墨子弟子。

〔6〕索卢参：姓索卢，名参，是墨家学派禽滑黎的弟子。

【译文】

而且，天创造人类，使他们耳朵可以听，如果不学习，那么听得见不如耳聋听不见；使他们的眼睛可以看，如果不学习，那么看得见不如眼瞎看不见；使他们嘴可以说，如果不学习，那么会说话不如哑巴说不出话；使他们心可以认知，如果不学习，那么有认知能力不如颠狂无知。所以凡是学习，并不能给人们增加什么，而是可以通达天性。能保全天所造就的人性而不毁坏它们，这就叫善于学习。子张是鲁国的卑贱小人，颜涿聚是梁父山的大强盗，他们跟孔子学习；段干木是晋国的街头掮客，跟子夏学习；高何、县子石都是齐国的暴徒，被邻里们斥逐，跟墨子学习；索卢参是东方的大骗子，跟禽滑黎学习。这六个人都是该抓、该杀、该死、该唾弃的人，可现在不但免于被抓、被杀、丧命或遭唾弃，而且从此成为天下的有名望的人和显赫之士，得到应得的寿命，王公大人都追随他们并且对他们以礼相待。这样的结果是从学习得来的。

【原文】

凡学，必务进业，心则无营〔1〕，疾讽诵，谨司闻〔2〕，观欢愉，问书意，顺耳目，不逆志，退思虑，求所谓，时辨说，以论道，不苟辨，必中法，得之无矜，失之无惭，必反其本。

【注释】

〔1〕营：通“荧”，惑乱。

〔2〕司闻：指主闻见的耳朵。

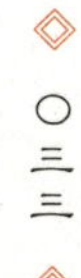

【译文】

凡是学习，必须致力增进学业，这样内心就没有疑惑了。要努力背诵研读，注意听讲。看准老师欢愉的时候，就去询问书中的含义。要顺从老师所喜闻乐见的，不违背老师的意志。回去以后就进行思索，探求老师所讲的东西的真谛。要时常分析讨论，以弄清老师所讲的道理。不要随便地辩论，一定要合乎相应的法则。有收获不要骄傲自夸，有错误也不要惭愧，一定要返回到本性上去。

【原文】

生则谨养，谨养之道，养心为贵；死则敬祭，敬祭之术，时节为务，此所以尊师也。治唐圃[1]，疾灌浸[2]，务种树，织葩屦[3]，结罝网，捆蒲苇；之田野，力耕耘，事五谷；如山林，入川泽，取鱼鳖，求鸟兽，此所以尊师也。视舆马，慎驾御；适衣服，务轻暖；临饮食[4]，必蠲絜[5]；善调和，务甘肥；必恭敬；和颜色，审辞令；疾趋翔[6]，必严肃，此所以尊师也。

【注释】

〔1〕唐圃：场圃，是种植瓜果蔬菜的园地。唐，通“场”。

〔2〕浸：灌溉。

〔3〕葩屦：麻鞋。

〔4〕临：面对，这里指治办。

〔5〕蠲(juān)：清洁。 絜：通“洁”。

〔6〕趋翔：行步有节奏。翔，通“跄”。

【译文】

老师活着的时候，就小心地奉养。小心奉养的方式以奉养老师的心神为最好。老师死后，要恭敬地祭奠，恭敬地祭奠的方法要以遵循四时的节令为要，这是尊敬老师的做法。为老师整治池塘园圃，辛勤灌溉，致力种植树木，编织麻鞋，联结罗网，捆扎蒲草苇子。到田野间去，尽力耕耘，种植五谷；到山林里去，下河湖里去，抓鱼鳖，捕鸟兽。这些是尊敬老师的做法。为老师仔细察看车子、马匹，小心驾驶；使老师穿的衣服舒适，必须轻便暖和；置办饮食，一定要清洁；好好调和五味，一定要香甜肥美；一定要恭恭敬敬，和颜悦色，谨慎说话；努力做到行走快慢有节，一定要恭敬严肃。这是尊敬老师的做法。

【原文】

君子之学也，说义必称师以论道，听从必尽力以光明。听从不尽力，命之曰背；说义不称师[1]，命之曰叛。背叛之人，贤主弗内之于朝[2]。君子不与交友。故教也者，义之大者也；学也者，知之盛者也。义之大者，莫大于利人，利人莫大于教。知之盛者，莫大于成身[3]，成身莫大于学。身成则为人子弗使而孝矣，为人臣弗令而忠矣，为人君弗强而平矣，有大势可以为天下正矣。故子贡问孔子曰："后世将何以称夫子？"孔子曰："吾何足以称哉？勿已者，则好学而不厌，好教而不倦，其惟此邪。"天子入太学，祭先圣[4]，则齿尝为师者弗臣[5]，所以见敬学与尊师也。

【注释】

〔1〕义：通"议"（依高亨说）。

〔2〕内(nà)：同"纳"，接纳。

〔3〕成身：指自我道德修养的完善，成为君子。

〔4〕太学：这里指明堂。明堂是古代帝王宣明政教的地方，凡朝会、祭祀、庆赏、选士、养老、教学等大典，均在此举行。高诱、蔡邕等人以明堂、清庙、太庙、太室、太学、辟雍为一事，似可信。

〔5〕齿：列。弗臣：不把他们作臣下看待。

【译文】

君子学习，说明议论一定称引老师的话来论说道理，听从老师的教诲一定尽力去阐扬使它发扬光大。听从之后不尽力去阐扬，这叫作"背"；说明议论不称引老师的话，这叫作"叛"。背叛人的人，贤明的君主不接纳他们参与朝政，正人君子不和他们交朋友。因此，教育是最大的仁义，学习是最重要的求知手段。仁义的事，没有比给他人带来利益更大的，给他人带来利益没有比教育更大的。所得知识没有比成为君子更重要的了。要成为君子就没有比学习更重要的。成为君子，那么作为儿子不用指使就孝顺了，作为臣下不用命令就忠诚

猿形银饰件　战国，1977年出土于山东省。曲阜市鲁国故城遗址。通长16.7厘米。银制鎏金。现藏于曲阜文物管理委员会。

了，作为君主不用强制就安定了，得势的君主就可以治理天下了。所以子贡问孔子说："后代的人将怎么称颂您呢？"孔子说："我哪里值得称颂啊？如果一定要称颂的话，就是喜好学习而不满足，乐于教人而不厌倦。大概只有这些吧。"天子进入明堂祭祀先代圣人，和曾经是自己的老师的人并排站，而不把他们当作臣下对待，由此可以看出敬重学习和尊敬老师的重要性。

大　乐

【原文】

（音）乐之所由来者远矣，生于度量[1]，本于太一[2]。太一出两仪[3]，两仪出阴阳。阴阳变化，一上一下，合而成章。浑浑沌沌，离则复合，合则复离，是谓天常[4]。天地车轮，终则复始，极则复反，莫不咸当。日月星辰，或疾或徐，日月不同，以尽其行。四时代兴，或暑或寒，或短或长，或柔或刚。万物所出，造于太一，化于阴阳。萌芽始震，凝㵳以形[5]。形体有处，莫不有声。声出于和，和出于适。（和适）先王定乐[6]，由此而生。

【注释】

〔1〕度量：古时把作为基准的音律度数分为三等份，增加一份或减少一份，便产生新律。度量指音律度数的增减。

〔2〕太一：指道。

〔3〕两仪：指天地。

〔4〕天常：指自然的永恒规律。

〔5〕㵳：同"寒"。

〔6〕和适：二字疑为衍文（用毕沅说）。

【译文】

音乐的由来已经很久远了。它从度量的法则中产生，在原始宇宙的太一状态中起源。太一生天地两仪，两仪又生阴阳，阴阳不断变化。一上一下，融合而成为丰富多彩的形体。浑浑沌沌地，分开了又会合，会合了又分开，这就叫作天之常道。天地就像车轮一样不断转动，到头了又重新开始，到了极端又返回来，没有不恰到好处的。日月星辰，运行有快有慢；太阳、月亮的轨道不同，但都周而复始地完成各自的运转。四季交替出现，有时炎热，有时寒冷；有时白天短，有时白天长；有时柔和，有时刚硬。万物的产生从太一状态开始，由阴阳造化，从萌芽开始活动，到凝冻而死。万物的形体都占据一定的空间，没有不发出声音的。声音产生于和谐，和谐产生于适当。先代圣王制定音乐，就从这个原理出发。

曾侯乙编钟　战国早期打击乐器，1978年出土于湖北省随县擂鼓墩曾侯乙墓，总计64件，其中钮钟19件，甬钟45件，另有楚惠王五十六年（前433）刻镈钟1件。全重2500千克。现藏湖北省博物馆。

【原文】

天下太平，万（物）〔民〕安宁，皆化其上，乐乃可成。成乐有具〔1〕，必节嗜欲。嗜欲不辟〔2〕，乐乃可务〔3〕。务乐有术，必由平出。平出于公，公出于道。故惟得道之人，其可与言乐乎！亡国戮民，非无乐也，其乐不乐。溺者非不笑也，罪人非不歌也，狂者非不武也〔4〕，乱世之乐，有似于此。君臣失位，父子失处，夫妇失宜，民人呻吟，其以为乐也，若之何哉？

【注释】

〔1〕具：具备，这里指条件。

〔2〕辟：同“僻”，邪僻。

〔3〕务：从事。

〔4〕武：通“舞”。

【译文】

天下太平，万物安宁，一切都顺从正道，音乐才可以作成，作成音乐有一定的条件，必须节制嗜欲，嗜欲不放纵，才能从事音乐创作。从事音乐创作有一定的方法，一定是从平和中产生。平和从公正中产生，公正从道中产生。所以只有得道的人大概才可以和他讨论音乐吧！被灭亡了的国家，遭受杀戮的人民，不是没有音乐，而是他们的音乐不表达欢乐的情绪。溺水的人不是不笑，被判死罪的人不是不歌唱，发疯的人不是不跳舞。乱世的音乐和这几种情形相似。如果君臣失去他们的地位，父子失去处所，夫妻失去正常的生活，在这种情况下制作音乐又会怎样呢？

【原文】

凡乐，天地之和，阴阳之调也。始生人者天也，人无事焉。天使人有欲，人弗得不求。天使人有恶，人弗得不辟[1]。欲与恶所受于天也，人不得兴焉，不可变，不可易。世之学者，有非乐者矣，安由出哉？

【注释】

〔1〕辟：同“避”。

【译文】

凡是音乐都反映出天地的和谐、阴阳的协调。最初创造人的是天，人在这上面没有做什么。天使人类具有欲望，人不能不追求；天使人类有憎恶的情感，人不得不躲开自己憎恶的东西。欲望和憎恶都是从上天那里得来的，人不能施加影响，不能改变，不能更换。世上的学者有反对音乐的，他们的根据是什么呢？

【原文】

大乐[1]，君臣父子长少之所欢欣而说也[2]。欢欣生于平，平生于道。道也者，视之不见，听之不闻，不可为状。有知不见之见、不闻之闻，无状之状者，则几于知之矣。道也者，至精也，不可为形，不可为名，强为之〔名〕，谓之太一。故一也者制令[3]，两也者从听[4]。先圣择两法一[5]，是以知万物之情。故能以一听政者[6]，乐君臣，和远近，说黔首，合宗亲。能以一治其身者，免于灾，终其寿，全其天。能以一治其国者，奸邪去，贤者至，(成)大化〔成〕。能以一治天下者，寒暑适，风雨时，为圣人。故知一则明[7]，明两则狂[8]。

【注释】

〔1〕大乐：合于道的乐，与侈乐有别。

〔2〕说：同“悦”，喜悦。

〔3〕一：指道与君王。制令：指为君者制定法令。

〔4〕两：指万物与臣。从听：听从，指为臣要听从为君的。

〔5〕择：通“释”（依松皋圆说），放弃。法：取法，效法。

〔6〕以一听政：用“一”的原则（即道的原则）来处理政事。

〔7〕知一则明：法一则明照万物。承上文“择两法一，是以知万物之情”而来。

〔8〕明两：指尊臣以拟君，君臣无别。明：指尊显。狂：乱（依陈奇猷说）。

【译文】

真正的音乐是君臣、父子、老少欢欣和喜悦的反映。欢欣从平和中产生，平和从道中产生。所谓道，看，看不见，听，听不着，不能描述它的形状，如果有懂得了不看的看，不听的听，没有形状的形状的人，那就差不多达到懂得道的境界了。道，是最精妙的，不能描述它的形状，不能给它命名。勉强给它命个名，叫作太一。所以“一”是制定法令，“两”是听从。先代圣人放弃“两”而运用“一”，因此懂得万物的本质。所以能够用“一”处理政务的人，就会使君臣快乐，使远近祥和，使百姓喜悦，兄弟和睦。能够用“一”修养自身的人，就可以避免灾难，长寿而死，保全自己的天性。能够用“一”治理国家的人，奸邪的人就会消失，贤明的人就会出现，就可实现优良的教化。能够用“一”治理天下的人，天气就会冷热适当，风雨适时，其人就成为圣人。所以懂得“一”就明智，只知道“两”就狂乱。

侈　乐

【原文】

人莫不以其生生，而不知其所以生。人莫不以其知知，而不知其所以知。知其所以知之谓知道，不知其所以知之谓弃宝。弃宝者必离其咎〔1〕。世之人主，多以珠玉戈剑为宝，〔宝〕愈多而民愈怨，国（人）愈危〔2〕，身愈（危）累〔3〕，则失宝之情矣〔4〕。乱世之乐与此同。为木草之声则若雷，为金石之声则若霆，为丝竹歌舞之声则若躁。以此骇心气、动耳目、摇荡生则可矣〔5〕，以此为乐则不乐。故乐愈侈，而民愈郁，国愈乱，主愈卑，则亦失乐之情矣。

【注释】

〔1〕离：通“罹”，遭遇。

〔2〕国人愈危：“人”字疑衍（依陈昌齐说）。

〔3〕身愈危累：“危”字疑衍（依陈昌齐说）。

〔4〕情：实。

〔5〕生：性，性情。

【译文】

人没有不依靠生命活着的，但是却不知道为什么能活着；人没有不依靠知觉去认知的，但是却不知道为什么能够认知。知道自己为什么能够认知事物就叫作懂得道，不知道自己为什么能够认知事物就叫作弃宝。丢弃宝物的人一定要遭殃。世上的君主，大多把珍珠、玉石、金戈、利剑当作宝物，这些东西聚敛得越多，那么人民就越怨恨，国家就越危险，自身就越有隐忧，这就失去了宝物的实际价值了。乱世的音乐也和这一样，演奏木料、皮革制作的乐器发出的声音就像打雷，演奏金属、石料制作的乐器发出的声音就像霹雳，演奏丝竹、唱歌跳舞的声音就像喧闹。用这些来惊吓人的心气，扰乱人的耳目，摇荡人的天性倒是可以的，如果把这样的声音作为音乐，那是不会使人快乐的。所以音乐越是狂放，人民就越是愁闷，国家就越是混乱，君主的地位就越是低下。这样也就失去了音乐的本来意义了。

劇钟　西周中期，通高39.5厘米，铣距18.8厘米，重8千克。共传世4件，其中之一藏于北京故宫博物院。

【原文】

凡古圣王之所为贵乐者，为其乐也。夏桀、殷纣作为侈乐，大鼓钟磬管箫之音，以巨为美，以众为观，俶诡殊瑰[1]，耳所未尝闻，目所未尝见，务以相过，不用度量。宋之衰也，作为千钟[2]。齐之衰也，作为大吕[3]。楚之衰也，作为巫音[4]。侈则侈矣，自有道者观之，则失乐之情。失乐之情，其乐不乐。乐不乐者，其民必怨，其生必伤。其生之与乐也，若冰之于炎日，反以自兵。此生乎不知乐之情，而以侈为务故也。

【注释】

〔1〕俶(chù)诡：奇异。殊瑰：特别瑰丽。

〔2〕千钟：悬钟千枚(依陈奇猷说)。千举其成数，言其多，"千钟"有类古代的编钟。

〔3〕大吕：齐钟名，为巨大之钟。

〔4〕巫音：源于巫祝祷祀而具有浓厚民族风格的奇异音乐。

【译文】

凡是古代圣王们重视音乐的情况，都是为了使人快乐。夏桀、殷纣制作狂放的音乐，加大鼓、钟、磬、管、箫的音量，把宏大看作美，把繁多看作壮观。音乐稀奇古怪，对于耳朵未曾听过的、眼睛未曾看过的，一定要追求过度的享乐，不遵守法度。宋国衰落的时候，却制作千钟；齐国衰落的时候，却制作大吕；楚国衰落的时候，却制作鬼怪音乐。这些音乐奢侈是够奢侈了，但在有道的人看来就失去了音乐的本来意义。失去了音乐的本来意义，这种音乐不能使人快乐。制作的音乐不能使人快乐的君主，他的人民必定要怨恨，他自己的生命也必定会受到伤害。他的生命和音乐的关系就像冰和炎热的太阳的关系一样，反倒会伤害自己。这是因为不懂得音乐的本来意义，而把奢侈作为制作音乐的目标的缘故啊。

【原文】

乐之有情，譬之若肌肤形体之有情性也，有情性则必有性养矣[1]，寒温劳逸饥饱，此六者非适也。凡养也者，瞻非适而以之适者也[2]。能以久处其适，则生长矣。生也者，其身固静，或而后知，或使之也。遂而不返，制乎嗜欲，制乎嗜欲(无穷)，则必失其天矣。且夫嗜欲无穷，则必有贪鄙悖乱之心、淫佚奸诈之事矣。故强者劫弱，众者暴寡，勇者凌怯，壮者慠幼[3]，从此生矣。

【注释】

〔1〕性养：养其性，也即是培养、保护性情。

〔2〕瞻：通"詹"，省察之意。适：适中。以：等于说使。

〔3〕慠：同"傲"。

【译文】

音乐有天性，这就像肌肉、皮肤、躯体有固有的品性一样。有天性就必然有修养天性的问题，寒冷、炎热、辛劳、安逸、饥饿、饱胀，这六种情形不适合修养天性。凡是修养，都要看到不适合的情形而达到适合的情形。能够长久地处于适合的环境中，那么生命就长久了。生命这东西，自身本来是静态的，受到外物的感应以后才有知觉，是外物的感应使它这样。如果放纵情感而不收敛，就会被嗜好和欲望所控制。如果被无限的嗜好和欲望所控制，那就必然丧失自己的天性。而且如果那些嗜好和欲望没完没了，那就必然会产生贪婪、卑鄙、叛逆、作乱的思想，做出淫逸奸诈的事了。因此，强大的劫掠弱小的，人多的虐待人少的，勇猛的欺负怯懦的，强壮的歧视幼小的等等恶行，就由此产生了。

古　乐

【原文】

乐所由来者尚也〔1〕，必不可废。有节有侈，有正有淫矣。贤者以昌，不肖者以亡。

【注释】

〔1〕尚：久。

【译文】

音乐的由来是很久远的，一定不能废弃。有的音乐适中，有的音乐狂放；有的正派，有的淫邪。贤明的人借助它而昌隆，不肖的人因为它而灭亡。

【原文】

昔古朱襄氏之治天下也〔1〕，多风而阳气畜积，万物散解，果实不成，故士达作为五弦瑟〔2〕，以来阴气，以定群生。

【注释】

〔1〕朱襄氏：炎帝的别号。

〔2〕士达：朱襄氏之臣。

【译文】

古代帝王朱襄氏治理天下的时候，经常刮风造成阳气积聚过多，万物都散落分解，水果、谷物不能成熟，所以士达制作了五弦瑟，用来招引阴气，以便安定各种生物。

【原文】

昔葛天氏之乐[1]，三人操牛尾投足以歌八阕[2]：一曰《载民》，二曰《玄鸟》，三曰《遂草木》，四曰《奋五谷》，五曰《敬天常》，六曰《达帝功》，七曰《依地德》，八曰《总万物之极》[3]。

【注释】

〔1〕葛天氏：相传为三皇时君号，在朱襄氏之后。

〔2〕八阕：指乐舞的八章。

〔3〕以上八阕之乐是反映古代劳动人民生产斗争和原始宗教信仰的舞乐。“载民”是歌颂负载人民的大地。“玄鸟”是歌颂作为氏族标志的图腾。“遂草木”是祝愿草木顺利地生长。“奋五谷”是祝五谷繁茂地生长。“敬天常”表达对自然规律的敬畏。“达帝功”是表达他们要通达天帝之功的愿望。“依地德”是表达他们要依照四时的旺气行事。“总万物之极”是说他们总的愿望是使万物发展到最高限度（依杨荫浏《中国古代音乐史稿》说）。

【译文】

古代葛天氏的音乐，由三个人拿着牛尾、踩着脚来演唱八段乐曲：第一段叫“载民”，第二段叫“玄鸟”，第三段叫“遂草木”，第四段叫“奋五谷”，第五段叫“敬天常”，第六段叫“达帝功”，第七段叫“依地德”，第八段叫“总万物之极”。

【原文】

昔陶唐氏之始[1]，阴多滞伏而湛积[2]，水道壅塞，不行其原[3]，民气郁阏而滞著[4]，筋骨瑟缩不达，故作为舞以宣导之。

【注释】

〔1〕陶唐氏：“陶唐”乃“阴康”之误（依毕沅说），阴康氏与葛天氏相接。

〔2〕滞伏：凝滞沉积。湛(chén)：通“沉”。

〔3〕“水道壅塞，不行其原”句：与上下文不相连贯，陈奇猷疑系注文羼入，颇为有理，可供参考。

〔4〕郁阏(è)：郁抑不畅。

【译文】

古代阴康氏开始治理天下的时候，阴气过多，凝滞沉积，阳气被抑制，不能正常运行；百姓心气郁结不畅，筋骨蜷缩不能伸展。因此制作舞蹈用来疏导。

【原文】

昔黄帝令伶伦作为律[1]。伶伦自大夏之西，乃之阮隃之阴[2]，取竹于嶰溪之谷[3]，以生空窍厚钧者，断两节间、其长三寸九分而吹之，以为黄钟之宫[4]，吹曰“舍少”[5]。次制十二筒，以之阮隃之下，听凤皇之鸣，以别十二律。其雄鸣为六，雌鸣亦六，以此黄钟之宫，适合。黄钟之宫，皆可以生之，故曰黄钟之宫。律吕之本。黄帝又命伶伦与荣将铸十二钟[6]，以和五音，以施《英韶》[7]。以仲春之月，乙卯之日，日在奎[8]，始奏之，命之曰《咸池》[9]。

【注释】

〔1〕伶伦：传说为黄帝的乐官。伶：乐官。伦：人名。

〔2〕阮隃：昆仑山。

〔3〕嶰溪：山谷名。

〔4〕其长三寸九分：各家注释不一，颇有歧义。陈奇猷认为其音过高，据《淮南子》、《史记》、《说苑》等应改为九寸。详见陈著《黄钟管长考》。

〔5〕舍少：二字是模拟声音之词。此句言“吹出来的声音是舍少”（依刘复说）。

〔6〕荣将：传说中的黄帝之臣。一作“荣援”。

〔7〕英韶(sháo)：华美之音。

〔8〕奎：二十八宿之一。

〔9〕咸池：古乐名。

【译文】

古代，黄帝命令伶伦制作乐律，伶伦从大夏山往西，到了昆仑山的北面，从山谷中拿来竹子，用中间空、厚度均匀的竹子，截取两个竹节之间的部分，长度为三寸九分，然后吹它。把发出的声音作为黄钟律的“宫”音，吹出来的声音是“舍少”。随后依次做了十二个竹管，带着它们到昆仑山下，倾听凤凰的叫声，来分辨十二律。雄凤凰的叫声有六种，雌的叫声也有六种。用它们来和黄钟律比较，正好合谐。黄钟律的“宫”音，可以用来派生出所有音律，所以说黄钟律的“宫”音是音律的基础。黄帝又命令伶伦和荣将铸造了十二口钟，用来协调五音，以表现音乐的华丽、美好。在仲春月份的乙卯日这一天，太阳位于奎宿的时候，开始演奏，把奏出的乐曲叫作“咸池”。

其次句鑃　春秋后期，打击乐器。通高51厘米，宽19.9厘米，重7千克。出土于浙江武康县。现藏于北京故宫博物院。

【原文】

帝颛顼生自若水〔1〕，实处空桑〔2〕，乃登为帝。惟天之合，正风乃行，其音若熙熙凄凄锵锵。帝颛顼好其音，乃命飞龙作〔3〕，效八风之音，命之曰《承云》，以祭上帝。乃令鱓先为乐倡〔4〕，鱓乃偃寝，以其尾鼓其腹，其音英英。

【注释】

〔1〕若水：古水名，即今雅砻江。

〔2〕空桑：古地名。

〔3〕飞龙：乐人名。“作”后当补一“乐”字。

〔4〕鱓(tuó)：通“鼍”，即鳄，皮可制鼓。倡：开始。

【译文】

颛顼生于若水，住在空桑。登上帝位，正好德性与天相和，和顺的风正常运行，风的声音好像“熙熙”、“凄凄”、“锵锵”的声音。颛顼爱听这些声音，就命令制作仿效八方来风的音乐，给它命名叫“承云”，用来祭祀上帝。于是命令鳄鱼为乐曲作前奏，鳄鱼就仰面躺着，用它的尾巴敲打自己的肚皮，发出和盛的“英英”声。

【原文】

帝喾命咸黑作为《声歌》——《九招》、《六列》、《六英》[1]。有倕作为鼙鼓钟磬（吹）苓管埙篪鞀（椎钟）[2]。帝喾乃令人抃（或）鼓鼙[3]，击钟磬，吹苓埙、管篪。因令风鸟、天翟舞之[4]。帝喾大喜，乃以康帝德[5]。

【注释】

〔1〕咸黑：帝喾之臣。声歌：当作"唐歌"，又作"康歌"，《九招》、《六列》、《六英》等二十一章皆在"康歌"中。

〔2〕有倕：传说中的古代巧匠，即工倕。"有"为名词词头，如有唐、有宋，"有"字均无义。苓：当作"笭"，笙。篪（chí）：同"箎"，竹制乐器。鞀（táo）：同"鼗"，长柄摇鼓。椎（chuí）：捶击乐器的工具。钟：前已有钟，此"钟"疑为"衡"之误。"衡"指悬钟的横木。

〔3〕抃（biàn）：两手相击。

〔4〕天翟（dí）：长尾巴的野鸡。

〔5〕康：赞美。

【译文】

帝喾命令咸黑制作乐歌，有"九招"、"六列"、"六英"。又让倕制了鼙、鼓、钟、磬、笙、管、埙、篪、鼗、椎等乐器。帝喾就命令人演奏乐器，有的打鼓，有的敲钟、磬，有的吹笙，有的奏管、篪。于是命令凤凰、天雉起舞。帝喾非常高兴，就用这些乐舞赞扬天帝的功德。

【原文】

帝尧立，乃命质为乐[1]。质乃效山林溪谷之音以歌，乃以麋輅置缶而鼓之[2]，乃拊石击石，以象上帝玉磬之音，以（致）舞百兽。瞽叟乃拌五弦之瑟[3]，（作）以为十五弦之瑟。命之曰《大章》，以祭上帝。

【注释】

〔1〕质：当为"夔"之误。传说为尧、舜的乐官。

〔2〕麋輅（mí luò）：麋鹿的皮革。

〔3〕瞽叟：舜的父亲。拌（pàn）：分开。

【译文】

尧即位后，就命令质制作音乐，质就仿效山林峡谷的声音制作乐歌，又把麋鹿的皮蒙在瓦罐上敲打。又拍打石板，以模拟天帝的玉磬的声音，以引来百兽起舞。瞽叟于是把五弦的瑟改进成十五弦的瑟。这种乐曲命名为“大章”，用以祭祀上帝。

【原文】

舜立，仰延乃拌瞽叟之所为瑟[1]，益之八弦，以为二十三弦之瑟。帝舜乃令质修《九招》、《六列》、《六英》，以明帝德。

【注释】

〔1〕仰延：人名。

【译文】

舜即位后，仰延就改进了瞽叟所制的瑟，增加了八根弦，做成二十三根弦的瑟，舜又命令质修正“九招”、“六列”、“六英”，以显明天帝的恩德。

【原文】

禹立，勤劳天下，日夜不懈，通大川，决壅塞，凿龙门，（降）通漻水以导河[1]，疏三江五湖，注之东海，以利黔首。于是命皋陶作为《夏籥》九成[2]，以昭其功。

【注释】

〔1〕降：疑为衍文。漻水：洪水。

〔2〕皋陶：禹臣。夏籥（yuè）：《大夏》，古乐名，用龠伴奏。九成：九段。

【译文】

禹即位后，为天下奔忙辛劳，日夜不放松。疏通大河，开通堵塞之处，开凿龙门，大规模疏通洪水并把它们导入黄河；疏通三江五湖，使它们注入东海，以造福人民。于是命令皋陶制作“夏籥”九章，用来昭示他的功德。

【原文】

殷汤即位，夏为无道，暴虐万民，侵削诸侯，不用轨度，天下患之。汤于是率六州以讨桀罪[1]，功名

大成，黔首安宁，汤乃命伊尹作为《大护》，歌《晨露》[2]，修《九招》、《六列》、〔《六英》〕，以见其善。

【注释】

〔1〕六州：指古九州的荆、梁、雍、豫、徐、扬六州。

〔2〕大护、晨露：皆古乐名。

【译文】

商汤即位前，夏桀失去道行，残暴虐待人民，侵犯诸侯，不遵守法度，天下人都恨他。汤于是率领六州的诸侯讨伐桀的罪行，功名完全实现，人民安宁。汤于是命令伊尹制作“大护”乐、“晨露”歌，修正“九招”、“六列”，用来表现他的美德。

【原文】

周文王处岐[1]，诸侯去殷（三）〔之〕淫而翼文王[2]。散宜生曰[3]：“殷可伐也。”文王弗许。周公旦乃作诗曰：“文王在上，于昭于天，周虽旧邦，其命维新[4]。”以绳文王之德[5]。

【注释】

〔1〕岐：古邑名，周的发祥地，在今陕西省岐山县东北。

〔2〕三淫：指殷纣王所做的三件过分残暴的事，即“剖比干之心，断材士之股，刳（kū枯）孕妇之胎”（依高诱注）。翼：辅佐。

〔3〕散宜生：周文王四臣之一，姓散宜。

〔4〕其命维新：言周受王命，自今开始（依朱熹说）。以上四句诗见《诗经·大雅·文王》。

〔5〕绳：称誉。

【译文】

周文王住在岐山，诸侯都躲开殷纣的荒淫无道而去辅佐文王。散宜生说：“殷纣可以讨伐了。”文王不允许。周公旦就作诗道：“文王在上，德行昭于天，周虽是旧国，它的使命却是新的。”用来赞誉文王的美德。

【原文】

武王即位，以六师伐殷，六师未至，以锐兵克之于牧野[1]。归，乃荐俘馘于京太室[2]，乃命周公(为作)〔作为〕《大武》[3]。

【注释】

〔1〕牧野：古地名，在今河南省淇县西南。

〔2〕荐：献。俘馘(guó)：指被俘和被歼之敌。从敌尸上割下左耳叫馘。太室：太庙中的中室。

〔3〕大武：古乐名，即孔子所评论的《武》。

虎纹錞于　战国晚期，青铜打击乐器。1956年征集于湖南省常德市。高37.3厘米，肩径22厘米。属军乐器。现藏于湖南省博物馆。

【译文】

武王即位后，率领六军讨伐殷纣，六军还没到殷的都城，就在牧野以精锐的军队打败了殷军。回师后，就向太庙进献俘虏和杀死的敌兵的耳朵。于是命令周公制作“大武”音乐。

【原文】

成王立，殷民反，王命周公践伐之。商人服象[1]，为虐于东夷，周公遂以师逐之，至于江南，乃为《三象》，以嘉其德。

【注释】

〔1〕服：驾驭。象：大象。

【译文】

成王即位后，殷地的人反叛。成王命令周公前去讨伐他们。殷人驾着大象在东夷作恶，周公就带领军队驱逐他们，一直赶到江南。于是作“三象”乐，用来赞扬他的功德。

【原文】

故乐之所由来者尚矣，非独为一世之所造也。

【译文】

所以说音乐的由来很久远了，不仅仅是一时一世的人所创造的。

振　　乱

【原文】

当今之世，浊甚矣，黔首之苦，不可以加矣。天子既绝[1]，贤者废伏[2]，世主恣行，与民相离，黔首无所告诉。世有贤主秀士，宜察此论也，则其兵为义矣。天下之民，且死者也而生，且辱者也而荣，且苦者也而逸。世主恣行，则中人将逃其君[3]，去其亲，又况于不肖者乎？故义兵至，则世主不能有其民矣，人亲不能禁其子矣。

【注释】

〔1〕天子既绝：天子指周天子,《吕氏春秋》成书时代，秦尚未统一六国，周天子名存实亡，故说“天子既绝”。

〔2〕废：指弃而不用。伏：指隐居不出。

〔3〕中人：指一般人。

【译文】

当今的世道，混乱得非常厉害了，黎民百姓的痛苦不可复加了。周天子已经灭亡，贤人废置、藏伏。现世的君主恣意妄行，和人民相背离，黎民百姓无处述说、控诉。世上如果有贤明的君主、优秀人士应该洞察这个道理，那么他们的军队就会行仁义了。天下的人民，将要死的就活过来，将要受辱的就恢复尊荣，将要受苦的就解脱了。世上的君主如果恣意妄行，不好不坏的人都会逃离他们的君主，离开他们的亲人，更何况不肖的人呢？所以，仁义的军队如果来到，那么现世的君主就不能保有他们的人民了，父母们就不能阻止他们的孩子了。

越王勾践剑　春秋晚期兵器。1965年出土于湖北省江陵县望山，长55.7厘米，宽4.6厘米，柄长8.4厘米。铭文：越王鸠浅自制用铜。现藏于湖北省博物馆。

【原文】

凡为天下之民长也[1]，虑莫如长有道而息无道，赏有义而罚不义。今之世，学者多非乎攻伐[2]。非攻伐而取救守，取救守则乡之所谓长有道而息无道、赏有义而罚不义之术不行矣[3]。天下之（长民）〔民长〕[4]，其利害在察此论也。攻伐之与救守一实也[5]，而取舍人异，以辨说去之，终无所定论。固不知，悖也；知而欺心，诬也。诬悖之士，虽辨无用矣。是非其所取而取其所非也，是利之而反害之也，安之而反危之也。为天下之长患、致黔首之大害者，若说为深[6]。夫以利天下之民为心者，不可以不熟察此论也。

【注释】

〔1〕民长：指人主，国君。

〔2〕学者：指墨家学派。墨家主张“非攻”“救守”（防御）。

〔3〕乡（xiàng）：通“向”，先时，过去。

〔4〕长（zhǎng）民：为人民作君主的人。

〔5〕一实：实质一样。

〔6〕若：此。

【译文】

凡是作为天下人民的首领的，考虑的事情没有比得上助长合乎道义的并消除没有道义的行为、奖赏仁义的人并惩罚不仁义的人。当今世上的学者，大多对攻伐予以否定；否定攻伐就采取解救守护的办法；采取解救守护的办法，那么前面所说的助长合乎道义的并消除没有道义的行为、奖赏仁义的人并惩罚不仁义的人的策略就不能实行了。天下统领人民的人，其利害在于认清这个道理。攻伐与解救守护实质上是一样的，不过是取舍因人而异，用辩论排斥攻伐，最终会无所适从。论辩时，本来就不懂，这是糊涂；如果自己明白却欺心，这是欺骗。欺诈、糊涂的人虽然会诡辩也没有用了。这是否定他们所采用的却采用他们所否定的，这是想要给人谋利却反倒害了他们，想要使人安全却反倒使他们危险。造成天下的长久祸患、导致百姓的巨大灾害的东西，数这种观点最厉害。那些把为天下的人民谋利益作为指导思想的人不能不彻底认清这个道理。

【原文】

夫攻伐之事，未有不攻无道而(罚)〔伐〕不义也。攻无道而伐不义，则福莫大焉，黔首利莫厚焉。禁之者，是息有道而(伐)〔罚〕有义也，是穷汤、武之事而遂桀、纣之过也[1]。凡人之所以恶为无道〔行〕不义者，为其罚也；所以蕲〔为〕有道行有义者[2]，为其赏也。今无道不义存，存者赏之也；而有道行义穷，穷者罚之也。赏不善而罚善，欲民之治也，不亦难乎？故乱天下害黔首者，若论为大。

【注释】

〔1〕遂：顺。这里有助长之意。

〔2〕蕲(qí)：通“祈”，求。

【译文】

这攻伐的事情，没有不攻击无道、惩罚不义的。攻击无道并讨伐不义，那么福份没有比这更大的了，百姓得到的利益没有比这更多的了。禁止这样做，那就是消除有道并讨伐有义，那是终止商汤、周武王的功业，并助长夏桀、殷纣的错误。凡是人们畏惧做无道、不义的事是因为害怕受到惩罚，之所以祈求做有道、有义的事是为了得到赏赐。现在，无道和不义存在；存在，就是奖赏它。可是有道和有义终止了；终止，就是惩罚它。奖赏不好的却惩罚善良的，想要人民安顺，不也太难了吗？所以，扰乱天下，危害百姓的，数这种观点最严重。

论　威

【原文】

义也者，万事之纪也[1]，君臣上下亲疏之所由起也，治乱安危过胜之所在也[2]。过胜之〔道〕，勿求于他，必反于己。

【注释】

〔1〕纪：此指法度准则。

〔2〕过胜：犹言胜负，胜败。过，犹负，败（依孙锵鸣说）。

【译文】

义，是万事的约束，是君臣、长幼、亲疏树立的基础，是治乱、安危、胜利的关键。取胜不要到其他方面去寻求，一定要回到自身上来找原因。

少虡剑　春秋后期，晋国兵器。长54厘米，宽5厘米，重0.88千克。出土于山西李峪村。

【原文】

人情欲生而恶死，欲荣而恶辱。死生荣辱之道一，则三军之士可使一心矣。

【译文】

人的本性是愿意活着而害怕死，想要尊荣而厌恶耻辱。死生、荣辱的原则一致，那么三军将士就可以思想统一了。

【原文】

凡军欲其众也，心欲其一也，三军一心则令可使无敌矣。令能无敌者，其兵之于天下也亦无敌矣。古之至兵[1]，民之重令〔者〕也[2]。重乎天下，贵乎天子[3]。其藏于民心，捷于肌肤也[4]，深痛执固[5]，不可摇荡，物莫之能动。若此则敌胡足胜矣？故曰其令强者其敌弱，其令信者其敌诎[6]。先胜之于此，则必胜之于彼矣。

【注释】

〔1〕至兵：最好的军队，至善之兵。

〔2〕重令：尊重命令。

〔3〕“重乎天下”二句：这两句省略的主语是“令”（依陈奇猷说）。

〔4〕捷于肌肤：接于肌肤为其所感觉。“捷”，通“接”。

〔5〕深痛执固：省略的主语是“令”。犹言“令内则深藏于其心，外则痛痒于其肌肤，故其执之坚固而不可动摇也”（依陈奇猷说）。

〔6〕信：通“伸”，畅行无阻。诎（qū）：通“屈”，与上句“信”相对。

【译文】

凡是军队想要它的人数众多，心就要一致。三军一心，那么就可使命令没有阻碍了。命令能够没有阻碍的人，他的军队也就天下无敌了。古代的最好的军队是尊重号令的人民，号令对他们来说比天下还重要，比天子还尊贵。号令潜藏在心里，贯穿在肌肉、皮肤中，深刻牢固，不可动摇，任何东西没有能改变它的。如果像这样，那么敌人哪里还值得一战呢？所以说它的号令坚定的军队，它的敌人必然软弱；它的号令信达的军队，它的敌人就屈服了。在内部胜过了敌人，那么在战场上也必定会战胜他们。

【原文】

凡兵，天下之凶器也；勇，天下之凶德也。举凶器，行凶德，犹不得已也。举凶器必杀，杀，所以生之也；行凶德必威，威，所以慑之也。敌慑民生，此义兵之所以隆也。故古之至兵，才民未合[1]，而威已谕矣，敌已服矣，岂必用枹鼓干戈哉？故善谕威者，于其未发也，于其未通也，窅窅乎冥冥[2]，莫知其情，此之谓至威之诚。

【注释】

〔1〕才民未合："才"为"士"之误。"此言士卒未尝交锋，而威已见矣。"（依蒋维乔说）

〔2〕窅窅（yǎo）：犹冥冥，深曲隐晦的样子。

【译文】

凡是兵器，都是天下凶险的器械；勇武，都是天下凶险的品德。举着凶险的兵器，运用凶险的品德，也是不得已的。举着凶险的兵器必定会杀人，杀人是用来使人民生存的；运用凶险的品德必定会显示威力，威力是用来震慑敌人的。敌人畏惧了人民就得以生存了。这是仁义的军队之所以昌隆的根源。所以，古代的最好的军队，士兵还没交战，而威力已经发挥作用了。敌人就已经降服了，何必要用战鼓干戈呢？所以，善于发挥威力的人，是在它没有发放出来的时候，是在它没有通达的时候，深邃玄妙，没人了解它的真实情况。这就是最高的威力的真实状态。

【原文】

凡兵欲急疾捷先。欲急疾捷先之道，在于知缓徐迟后而急疾捷先之分也。急疾捷先，此所以决（义）兵之胜也。而不可久处，知其不可久处，则知所兔起凫举死殙之地矣[1]。虽有江河之险则凌之，虽有大山之塞则陷之，并气专精，心无有虑，目无有视，耳无有闻，一诸武而已矣[2]。冉叔誓必死于田侯[3]，而齐国皆惧；豫让必死于襄子[4]，而赵氏皆恐；成荆致死于韩主[5]，而周人皆畏；又况乎万乘之国，而有所诚必乎，则何敌之有矣？刃未接而欲已得矣。敌人之悼惧惮恐，单荡精神尽矣，咸若狂魄，形性相离，行不知所之，走不知所往，虽有险阻要塞，铦兵利械[6]，心无敢据，意无敢处，此夏桀之所以死于南巢也[7]。今以木击木则拌，以水投水则散，以冰投冰则沈，以涂投涂则陷[8]，此疾徐先后之势也。

【注释】

〔1〕兔起凫举：喻行动迅疾。凫，水鸟，俗称"野鸭子"。殙（mèn）：通"殇"，"死殙"犹言死亡（依高亨说）。

〔2〕一：专一。诸："之于"的合音字。武：用武，作战。

〔3〕冉叔：战国时的义士。田侯：齐国国君，田姓。此句本事失考。

〔4〕豫让：春秋末晋国人，曾为智伯的家臣，智伯以国士待之。智氏被赵、韩、魏三家灭掉之后，他屡次刺杀赵襄子，事败后自杀。赵襄子：名无恤（一作毋恤），赵简子之子，他与韩、魏二家合谋，灭了智氏。

〔5〕成荆：齐国的勇士，致死于韩主事失考。

〔6〕铦（xiān）：锋利。兵、械：指兵器。

〔7〕南巢：古地名，故址在今安徽省巢县。张守节《史记正义》引《括地志》云：庐州巢县有巢湖，即《尚书》"成汤伐桀，放于南巢"者也。

〔8〕涂：泥。

【译文】

凡是作战，都想要迅速、抢先，想要迅速、抢先的方法，在于清楚缓慢、落后和迅速、抢先的分别。迅速、抢先，这是凭以决定仁义的军队取胜的条件。但不可长久停留不动，明白自己不可长久停留不动，那就知道了兔子出没、老鹰盘旋的死绝之地了。纵然有江河之险也能跨越，纵然有大山之阻也可摧毁，只要精神专注，心里没有疑虑，眼睛不乱看，耳朵不乱听，全都用在打仗上就可以了。冉叔发誓定要杀死齐君田侯，齐国人都害怕；豫让坚决要杀死赵襄子，赵氏家族都恐惧；成荆要致韩主于死地，周人都畏惧——更何况拥有万辆战车的国家一心想要达到目的呢？那么哪里还有敌手呢？刀剑还未交锋，愿望就已经实现了。敌人恐惧、害怕、动摇，精神顿失，都像失魂落魄，魂不附体；走不知道目标，跑不知道方向，纵有险阻要塞、快枪利刀，但思想没有敢于依托的，精神没有敢于寄托的。这就是夏桀之所以死在南巢的缘故。用木头打击木头，就可以打断；把水倒进水里，后者就会散开；用冰投向冰，后者就会沉落；把泥投进泥里，后者就陷下去。这就是快慢、先后的情形。

【原文】

夫兵有大要，知谋物之不谋之不禁也则得之矣，专诸是也〔1〕，独手举剑至而已矣，吴王壹成〔2〕。又况乎义兵，多者数万，少者数千，密其躅路〔3〕，开敌之涂〔4〕，则士岂特与专诸议哉〔5〕？

【注释】

〔1〕专诸：春秋时吴国人，他为吴公子光（阖闾）刺杀了吴王僚，自己也被杀而死。

〔2〕壹成：一举成功。或指吴王被专诸一击而死。

〔3〕密其躅路：指人数众多，密布于道路。躅（zhuó）：足迹。

〔4〕开敌之涂：陈奇猷谓“开，展也。‘开敌人之涂’，谓人数众多，开展于敌人进退之途，即围困敌人不使其进退也。”案：“开展于敌人进退之途”，于义难通。《尔雅 · 释言》：“开，关也。”“开敌之涂”，即关闭敌人的进退之路，有堵截、围困敌人之意。此说可供参考。

〔5〕此句意士岂只与专诸相提并论？即远胜于专诸。议：论。

【译文】

用兵有它的最重要的要诀，懂得谋取对方不曾想到和不能防备的地方，就掌握它了。专诸就是这样，独自手举剑落而已，使吴王一举成功。又何况仁义的军队多的数万，少的数千，挤在一起可以踏出路来，打开通向敌人的道路，那么兵士怎么能只和专诸相提并论呢？

爱士

【原文】

衣，人以其寒也；食，人以其饥也。饥寒，人之大害也。救之，〔大〕义也。人之困穷，甚如饥寒，故贤主必怜人之困也，必哀人之穷也。如此则名号显矣，国士得矣。

【译文】

给人衣服，是因为他寒冷；给人食物，是因为他饥饿。饥饿、寒冷是人的重大危害，救济受冷挨饿的人就是仁义。人的困厄窘迫比饥饿、寒冷更厉害。所以贤明的君主一定同情人的困厄，一定怜悯人的窘迫。像这样，那么名声就显耀了，国内的有才之士自然也就归附而来了。

【原文】

昔者秦缪公（乘马）〔驾〕而车（为）败[1]，右服失而野人取之[2]。缪公自往求之，见野人方将食之于岐山之阳。缪公叹曰："食骏马之肉而不还饮酒[3]，余恐其伤女也[4]！"于是遍饮而去。处一年，为韩原之战[5]，晋人已环缪公之车矣，晋梁由靡已扣缪公之左骖矣[6]，晋惠公之右路石奋投而击缪公之甲[7]，中之者已六札矣[8]。野人之尝食马肉于岐山之阳者三百有余人，毕力为缪公疾斗于车下，遂大克晋，反获惠公以归。此《诗》之所谓（曰）"君君子则正，以行其德；君贱人则宽，以尽其力"者也[9]。人主其胡可以无务行德爱人乎？行德爱人则民亲其上，民亲其上则皆乐为其君死矣。

【注释】

〔1〕败：坏。"乘马"与"车败"前后不合。"马"字疑为"驾"之误，"乘"字当系衍文（依陈奇猷说）。

〔2〕右服：四匹马驾车，中间两匹马叫服，在右边的叫右服。失(yì)：通“逸”，狂奔失控，此指逃掉。野人：指农夫。

〔3〕还(xuán)：通“旋”，立即。

〔4〕女(rǔ)：你，你们。

〔5〕韩原之战：韩原为春秋时晋地，在今山西芮城。据《左传》记载，此战发生在公元前645年。

〔6〕梁由靡：晋大夫，梁由为姓。扣：抓住，牵住。左骖：四马驾车，在两边的马叫骖，在左边的叫左骖。

〔7〕晋惠公：名夷吾，公元前650—前637年在位。右：车右，驾车之人。路石：车右之名。投：同“殳”，古代兵器之一，竹制，有棱无刃。

〔8〕札：甲叶，古代甲叶有多少，其制不详。据《宋史·兵志》载：甲叶共一千八百二十五片。

〔9〕这四句诗不见于《诗经》，当为逸诗。句首两“君”字，均用作动词，给……作君。

【译文】

从前，秦穆公乘车时车坏了，右边驾辕的马走失了，农民抓到了它，穆公自己前去追索它，看见那些农民在岐山南坡正要吃掉这匹马。穆公感叹地说：“吃骏马的肉不马上喝酒，我担心这会伤害你们的身体啊！”于是给他们所有的都喝了酒才离开。等过了一年，发生韩原之战，晋国人已经包围了秦穆公的车子了，晋国大夫梁由靡已经抓住了穆公车子左边的马了，晋惠公的车右侍卫路石举殳击打穆公的铠甲，击中的地方已经透过六层了。曾经在岐山南坡吃马肉的农民三百多人，竭尽全力为秦穆公在车旁奋战，于是大败晋军，反而擒获晋惠公回去。这就是诗中所说的“作君子的君主，就要公正以使他们以德报德；作贱人的君主，就要宽容，以使他们尽可能效力”的意思。君主怎么可以不努力施行仁德，爱抚人民呢？施行仁德，爱抚人民，那么人民就亲近他们的君主；人民亲近他们的君主，就都乐意为他们的君主而死了。

魏公扁壶　战国后期，清宫旧藏。通高31.7厘米，宽30.5厘米，重3.96千克。释文：魏公酟三㪷二斗取。

【原文】

赵简子有两白骡而甚爱之[1]。阳城胥渠处广门之官[2]，夜款门而谒曰：“主君之臣胥渠有疾，医教之曰：‘得白骡之肝病则止，不得则死。’”谒者入通。董安于御于侧[3]，愠曰[4]：“嘻！胥渠也，期吾君骡[5]，请即刑焉。”简子曰：“夫杀人以活畜，不亦不仁乎？杀畜以活人，不亦仁乎？”于是召庖人杀白骡，取肝以与阳城胥渠。处无几何，赵兴兵而攻翟[6]。广门之官，左七百人，右七百人，皆先登而获甲首[7]。人主其胡可以不好士？

【注释】

〔1〕赵简子：晋大夫，名鞅，又名志父，也称赵孟，死谥简子。

〔2〕阳城胥渠：姓阳城，名胥渠。处：居住。“处”上当脱“有疾”二字（依陈奇猷说）。广门：晋邑名。官：小吏。又一说，广门指门名。官为“馆”之误字，可供参考。

〔3〕董安于：赵简子家臣，一作“董阏于”。御：侍奉。

〔4〕愠（yùn）：恼怒。

〔5〕期：希冀，这里指想得到。

〔6〕翟（dí）：通“狄”，我国古代北方地区的少数民族名。

〔7〕甲首：披甲者的首级。

【译文】

赵简子有两匹白骡而又特别喜欢它们，阳城胥渠在广门任小官，夜晚叩门求见，说：“主君的家臣胥渠得了病，医生告诉他说：‘得到白骡的肝脏，病就可以治好。不能得到就得死了。’门人进去通报，董安于正在旁边侍候，听说后气愤地说：“嘿——胥渠啊，竟想得到我们主君的白骡！您让我这就去杀了他吧。”简子说：“杀人却是为了保存牲畜，不也太不仁义了吗？杀牲畜以便救活人，不是非常仁义的吗？”于是召来厨师杀死白骡，取出肝脏拿去送给阳城胥渠。过了没有多长时间，赵简子发兵攻打狄人。广门的小官左边带七百人，右边带七百人，都最先登上城头，并获取敌人带甲武士的首级。君主怎么可以不爱护人呢？

【原文】

凡敌人之来也，以求利也。今来而得死，且以走为利。敌皆以走为利，则刃无与接。故敌得生于我[1]，则我得死于敌；敌得死于我[2]，则我得生于敌。夫〔我〕

得生于敌，与敌得生于我，岂可不察哉？此兵之精者也。存亡死生，决于知此而已矣。

【注释】

〔1〕敌得生于我：指未能克敌，所以敌人得以生存。

〔2〕敌得死于我：指克敌制胜，使敌人处于死地。

【译文】

凡是敌人的到来，是为了寻求利益。如果到来却得到的是死，就要把逃走看作有利了。如果敌人都把逃走看作有利，那么刀兵就不用交锋了。所以，如果敌人从我们这里得到生存，那么我们就会从敌人那里得到死了；如果敌人从我们这里得到死，那么我们就从敌人那里得到生存了。这从敌人那里得到生存与敌人从我这里得生存的情形，怎么可以不认识清楚呢？这是战争的精华所在。存亡、生死，不过决定于知道这个道理而已。

王子欤戈　春秋时期兵器，出土于山西省万荣县庙前村。援长16厘米，胡长9.5厘米。内长8厘米。正面铭文：王子欤戈。现藏河南省文物博物馆。

顺　民

【原文】

先王先顺民心，故功名成。夫以德得民心以立大功名者，上世多有之矣。失民心而立功名者，未之曾有也。得民（必）〔心〕有道[1]，万乘之国，百户之邑，民无有不说[2]。取民之所说而民取矣，民之所说岂众哉？此取民之要也。

【注释】

〔1〕必：当为“心”之误（依陶鸿庆说）。

〔2〕说（yuè）：同“悦”，喜悦。下两句同。

【译文】

先王们首先顺应民心，所以功名成就，凭恩德赢得民心而建立大功名的，从前的时代有很多这样的人了；失掉民心却建立功名的，未曾有过这样的人。赢得民众一定要有方法。无论是拥有万辆战车的国家还是只有百户人家的村邑，无不有所喜欢的事物。选做人民所喜欢的事，民心就得到了。人民所喜欢的事物难道多吗？这是得到民心的关键。

【原文】

昔者汤克夏而正天下，天大旱，五年不收，汤乃以身祷于桑林〔1〕，曰：“余一人有罪，无及万夫。万夫有罪，在余一人。无以一人之不敏，使上帝鬼神伤民之命。”于是翦其发〔2〕，鄜其手〔3〕，以身为牺牲，用祈福于上帝，民乃甚说，雨乃大至。则汤达乎鬼神之化、人事之传也。

【注释】

〔1〕祷：祈神求福。桑林：地名，在春秋宋国境内，相传为汤王祈雨之所。

〔2〕翦其发：剪去头发是古代的一种刑罚。

〔3〕鄜：鄜即“枥”之假借，指木柙十指而缚之，这是古代一种刑罚。

【译文】

过去，商汤战胜夏而开始治理天下。天大旱，连续五年不能收获，商汤就用自己的身子在桑林祈祷，说：“我一人有罪过，不要殃及万民；万民有罪的话，都在于我一个人。不要因为一个人的无能而让上帝、鬼、神伤害人民的性命。”于是剪掉自己的头发，拶上自己的手指，以身体作为祭品，用来向上帝祈求福祉。人民于是非常高兴，雨水于是大量地降落。那么商汤是通达鬼神的变化、人事的转变了。

【原文】

文王处岐事纣，冤侮雅逊〔1〕，朝夕必时，上贡必适，祭祀必敬。纣喜，命文王称西伯，赐之千里之地。文王载拜稽首而辞曰：“愿为民请去炮烙之刑〔2〕。”文王非恶千里之地，以为民请去炮烙之刑，必欲得民心也。得民心则贤于千里之地，故曰文王智矣。

【注释】

〔1〕冤侮：蒙冤而受到侮慢。雅逊：指雅正谦逊执诸侯之礼不变。

〔2〕请：据《太平御览》下脱一“去”字（依蒋维乔说）。炮烙之刑：以火烧灼的刑罚。

【译文】

文王居住在岐山，接受纣王的统治，虽然委曲受辱，但还是恭正谦卑，早晚朝见一定遵守时间。上贡一定适宜，祭祀一定恭敬。纣王高兴了，命令文王做西伯，赐给他千里的土地。文王再拜稽首推辞道：“我情愿为百姓请求解除‘炮烙’的刑罚。”文王不是讨厌千里的土地，而是因为为人民请求解除“炮烙”的刑罚，一定会得到民心啊。赢得民心，胜于得到千里土地。所以说文王明智啊。

【原文】

越王苦会稽之耻[1]，欲深得民心，以致必死于吴。身不安枕席，口不甘厚味，目不视靡曼[2]，耳不听钟鼓。三年苦身劳力，焦唇干肺[3]。内亲群臣，下养百姓，以来其心。有甘不足分，弗敢食；有酒流之江，与民同之。身亲耕而食，妻亲织而衣。味禁珍，衣禁袭[4]，色禁二。时而行路，从车载食，以视孤寡老弱之渍病困穷颜色愁悴不赡者[5]，必身自食之。于是属诸大夫而告之，曰：“愿一与吴徼天（下）之衷[6]。（今）〔令〕吴、越之国，相与俱残[7]，士大夫履肝肺，同日而死，孤与吴王接颈交臂而偾[8]，此孤之大愿也。若此而不可得也，内量吾国不足以伤吴，外事之诸侯不能害之，则孤将弃国家，释群臣，服剑臂刃，变容貌，易名姓，执箕帚而臣事之，以与吴王争一旦之死。孤虽知要领不属[9]，首足异处，四枝布裂，为天下戮[10]，孤之志必将出焉。”于是异日果与吴战于五湖[11]，吴师大败，遂大围王宫，城门不守，禽夫差，戮吴相，残吴二年而霸，此先顺民心也。

【注释】

〔1〕会稽之耻：指越王勾践被吴王夫差战败，困于会稽，向吴王称臣纳贡事。

〔2〕靡曼：指细理弱肌的美色女子。

〔3〕干肺：肺气枯竭，比喻力气用尽。

〔4〕袭：衣外加衣。

〔5〕渍病：传染病。

〔6〕徼(yāo)：求。下：衍文。衷：善，福。

〔7〕今：当作“令”，盖言愿令如此(依俞樾说)。

〔8〕接颈交臂：像摔跤似的肉搏。偾(fèn)：倒覆，僵仆。

〔9〕要(yāo)领不属(zhǔ)：指被腰斩。要，古“腰”字。领，指脖子。属：连接。

〔10〕戮：此指侮辱。

〔11〕五湖：指太湖。

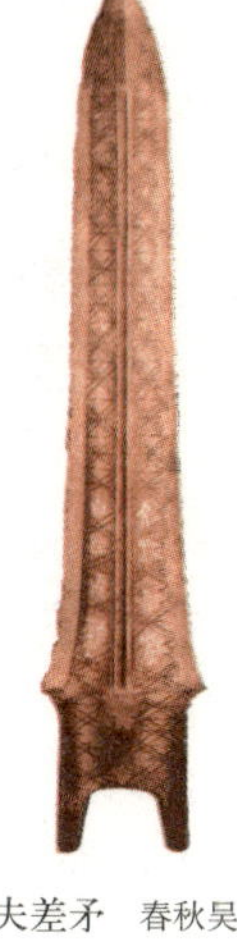

吴王夫差矛　春秋吴国兵器，1983年出土于湖北省江陵县楚墓。通长29.5厘米。铭文：吴王夫差自作用鈼。现藏于湖北省博物馆。

【译文】

越王为会稽山战败的耻辱而痛苦，想要深得民心以求得和吴国死战，就身体不安于枕席，吃饭不尝丰盛的美味，眼睛不看美色，耳朵不听钟鼓音乐。三年里，煎熬身体，耗费精力，唇焦肺干。在内亲近群臣，在下供养百姓，用以招徕他们的心。如果有甜美的食物，不够分的话，自己就不敢吃；如果有酒，把它倒进江里，和人民共同享用它。自己亲自种来吃，妻子亲自织来穿。吃的禁止珍异，穿的禁止过分，色彩禁止使用两种以上。时常外出，跟着车子，载着食物，去看望孤寡老弱当中染病的、困难的、脸色忧愁憔悴的、缺吃少喝的人，一定亲自喂他们。于是聚集各位大夫，告诉他们说：“我宁愿与吴国一决高下，看谁应得到上天的宠爱。如果吴越两国彼此一同破灭，士大夫踩着肝肺同一天死去，我和吴王接颈交臂而死，这是我的最大愿望。如果这样做不行，从国内估量我国不足以伤害吴国，对外联络诸侯不能损害它，那么我就将放弃国家、离开群臣，带着剑，拿着刀，改变容貌，更换姓名，操着簸箕、扫帚去臣事他，以便有朝一日和吴王决一死战。我虽然知道这样会腰身和脖颈不相连、头脚异处、四肢分裂，被天下人羞辱，但是我的志向一定要实现。”于是，他日果然和吴国在五湖决战，吴军大败。继而大举围攻吴王王宫，城门失守，擒获夫差，杀死吴相。消灭吴国二年以后就称霸了。这是首先顺应民心啊！

【原文】

齐庄子请攻越[1]，问于和子[2]。和子曰："先君有遗令曰：'无攻越，越猛虎也。'"庄子曰："虽猛虎也，而今已死矣。"和子（曰）以告鸮子[3]。鸮子曰："已死矣以为生。"故凡举事，必先审民心然后可举。

【注释】

〔1〕齐庄子：田庄子，为齐宣公之相。

〔2〕和子：田和，田庄子之子。

〔3〕曰："因"字之误（依陶鸿庆说）。鸮子：鸱夷子皮，他是田常（田庄子的祖父）的家臣。

【译文】

齐庄子请求攻打越国，向和子征求意见。和子说："先君有遗嘱说：不要攻打越国。越国是猛虎。"庄子说："虽然是猛虎，但如今已经死了。"和子说："把这告诉鸮子。"鸮子说："虽然已经死了，但人们还认为活着。"所以，凡是做事，一定要先弄清民心，然后才可以去做。

节丧

【原文】

审知生，圣人之要也；早知死，圣人之极也[1]。知生也者，不以害生，养生之谓也，知死也者，不以害死，安死之谓也[2]。此二者，圣人之所独决也[3]。

【注释】

〔1〕极：同"亟"，急务。

〔2〕安死：使死者安。

〔3〕决：决断，明确的看法。

龙耳簋　春秋后期，通高33.9厘米，宽43厘米，口径23.1厘米，重11.45千克。

【译文】

明察生，是圣人的要务；明察死，是圣人的急务。知道了生的道理，就知道了不以外物妨害生命，这就叫作养生；知道了死的道理，就知道了不以外物妨害死，这就叫作安死。这两点，只有圣人才能知道。

【原文】

凡生于天地之间，其必有死，所不免也。孝子之重其亲也，慈亲之爱其子也，痛于肌骨，性也。所重所爱，死而弃之沟壑，人之情不忍为也，故有葬死之义。葬也者，藏也，慈亲孝子之所慎也。慎之者，以生人之心〔为死者〕虑〔也〕[1]。以生人之心为死者虑（也），莫如无动[2]，莫如无发[3]。无发无动，莫如无有可利，（则）此之谓重闭[4]。

【注释】

〔1〕此句有脱文，当作“以生人之心为死者虑”（依陶鸿庆说）。

〔2〕无动：指死者不因发掘墓葬而被惊动。

〔3〕无发：指后人因死者墓中无葬物而不去发掘它。

〔4〕重闭：大闭，指墓中无殉葬品，掘墓人无利可图，不会招致发掘，故称重闭。

【译文】

大凡天地之间的生命，必定有死亡，这是不可避免的。孝子敬重他们的双亲，慈爱的父母疼爱他们的子女，敬爱之情深入肌骨，这是人的本性。所敬重和所疼爱的，死后丢到沟壑里，人之常情是不忍心这样做的，所以有葬送死者的道义。葬，就是藏，这是慈亲孝子所慎重的地方。慎重的做法，就是用活着的人的心智来考虑。用活着的人的心智为死者考虑，没有比死者不被移动更重要，没有比坟墓不被发掘更重要。不被发掘不被移动，不如坟墓中无利可图，那么这就叫作大闭。

【原文】

古之人有藏于广野深山而安者矣，非珠玉国宝之谓也，葬不可不藏也。葬浅则狐狸抇之[1]，深则及于水泉。故凡葬必于高陵之上，以避狐狸之患、水泉之湿。此则善矣，而忘奸邪盗贼寇乱之难，岂不惑哉？譬之若

瞽师之避柱也，避柱而疾触杙也[2]。（狐狸水泉）奸邪盗贼寇乱之患[3]，此杙之大者也。慈亲孝子避之者，得葬之情矣。善棺椁，所以避蝼蚁蛇虫也。今世俗大乱，（之）〔人〕主愈侈[4]，其葬则心非为乎死者虑也，生者以相矜尚也。侈靡者以为荣，节俭者以为陋，不以便死为故，而徒以生者之诽誉为务，此非慈亲孝子之心也。父虽死，孝子之重之不怠，子虽死，慈亲之爱之不懈。夫葬所爱所重，而以生者之所甚欲，其以安之也，若之何哉？

【注释】

〔1〕扫(hú)：发掘。

〔2〕避柱：避免碰到柱子。杙(yì)：一头尖的小木桩。

〔3〕狐狸水泉：四字疑为衍文，从上下文看，以柱喻狐狸水泉，以杙喻奸邪盗贼(依陈昌齐说)。

〔4〕之主：当作“人主”（依孙人和说）。

【译文】

古代的人有葬在广野深山而平安无事的，并不是说有珠玉国宝，而是因为葬便不可不隐藏。葬浅了狐狸就会发掘它，葬深了就会碰到水泉。所以凡葬必须在高陵之上，用以避免狐狸的祸害，水泉的浸湿。这样做是好的，但如果忘记了奸邪、盗贼、寇乱的灾害，难道不糊涂吗？这就好比盲乐师躲避柱子，避开了柱子却很快撞上了尖木桩。狐狸、水泉、奸邪、盗贼、寇乱的祸患，这是大大的尖木桩了。慈亲孝子避免了这些，就合乎安葬的情理了。使棺椁结实，是为了避开蝼蚁蛇虫。如今世俗大乱，人们行葬越来越奢侈，那么心里并非为死者考虑，生者以此互相炫耀，争为人上。奢侈浪费的人以此为荣耀，俭省节约的人以此为鄙陋。不把便利死者当回事，而只以生者的诽谤、赞誉为目的，这不合慈亲孝子之心。父亲虽然死了，孝子对他的敬重不会懈怠；儿子虽然死了，慈亲对他的疼爱不会懈怠。埋葬所疼爱所敬重的人，而以生者最想得到的东西，来使死者安宁，像这样会怎么样呢？

【原文】

民之于利也，犯流矢，蹈白刃，涉血盩肝以求之[1]，野人之无闻者[2]，忍亲戚兄弟知交以求利。今无此之危，无此之丑[3]，其为利甚厚，乘车食肉，泽及子孙，虽圣人犹不能禁，而况于乱〔国〕？国弥大，家弥富，葬弥厚。含珠鳞施[4]，(夫)玩好货宝，钟鼎壶滥[5]，轝马衣被戈剑，不可胜其数。诸养生之具，无不从者。题凑之室[6]，棺椁数袭，积石积炭，以环其外。奸人闻之，传以相告。上虽以严威重罪禁之，犹不可止。且死者弥久，生者弥疏，生者弥疏，则守者弥怠；守者弥怠而葬器如故，其势固不安矣。世俗之行丧，载之以大輴[7]，羽旄旌旗、如云偻翣以督之[8]，珠玉以佩之，黼黻文章以饬之[9]，引绋者左右万人以行之[10]，以军制立之然后可[11]。以此观世[12]，则美矣侈矣；以此为死，则不可也。苟便于死，则虽贫国劳民，若慈亲孝子者之所不辞为也。

【注释】

〔1〕涉(dié)血：流血。涉，通“喋”。 䌷(chōu)肝：抽肝，指残杀。䌷，亦作“𢭃”，通“抽”。

〔2〕野人：与君子相对而言，多指农夫。无闻：不懂礼义。

〔3〕丑：耻辱。

〔4〕含珠：古代葬物，将珍珠放在死者口中。鳞施：连缀玉片制成的葬服，因套在死者身上如鱼鳞，故名。

〔5〕滥：通“鑑”。

〔6〕题凑：古代贵族死后，椁室用厚木累积而成，头皆内向，称“题凑”。

〔7〕輴(chūn)：载棺柩的车。

〔8〕偻(lǚ)：盖在柩车上的饰物。 翣(shà)：用羽毛制成的伞形之物，有柄，持之随柩车而行。

〔9〕黼黻(fǔ fú)：古代礼服上绘绣的花纹。

〔10〕绋(fú)：牵引棺柩的绳索。在庙举柩的绳索叫绋，在路引柩车的绳索叫引。按古代的葬礼，送葬者必执绋。

〔11〕这句是说，以军法临之，行列然后方可不乱。立，通“涖”，临。

〔12〕观世：让世人观看，炫耀于世人。

青铜戈　秦代兵器，出土于西安秦始皇陵兵马俑坑一号坑，通长26.7厘米。

【译文】

百姓对于利，宁肯冒着飞箭，踩着利刃，流血残杀去追求它。不懂礼义的粗野之人残忍对待父母、兄弟、朋友以求其利。如今窃坟掘墓没有这种危险，没有这种耻辱，得到的利益十分丰厚，乘车吃肉，恩泽传及子孙。即使圣人还不能禁止，更何况乱世呢？国家越大，家越富有，葬送越是厚重。死者口中所含的珍珠，玉制的葬衣，赏玩、嗜好的物品宝贝，钟鼎壶鉴，车马衣被戈剑，不可胜数。各种养生的器具，无不陪葬。题凑的棺室，棺椁数层，堆积石头堆积木炭，用以环绕它的外层。奸恶之人闻知此事，互相传告。上边虽然用严威重罪禁止这种行径，还是不可遏止。况且死者隔时越久，生者对他们越加疏淡；生者越是疏淡，那么守墓的人就越是懈怠。守墓的人越是懈怠而陪葬的东西依然如故，它的形势一定就不安全了。世俗的人举行葬礼，用大车载着棺椁，羽旄旌旗、画有云气的偻志用来装饰它，珠玉用来点缀它，黼黻文章各种花缀用来涂饰它，拉棺绳的左右万人用以使它行进，这得用军法指挥后才可以。用这种做法给世人看，那是很美了，很奢侈了；这种做法对于死者，则不可以。如果真是便利于死者，那么即使使国家变穷让人民劳苦，像慈亲孝子之辈是不会拒绝做的。

去　尤

【原文】

世之听者，多有所尤[1]，(多)有所尤则听必悖矣。所以尤者多故，其要必因人所喜，与因人所恶。东面望者不见西墙，南乡视者不睹北方，意有所在也。

【注释】

〔1〕尤：通“囿”，蒙蔽，局限。

【译文】

世上听话的人，多有偏见。心里有偏见，那么听人家的话就必定要走样。产生偏见的原因有很多，其中最为主要的原因是因为对人有所喜爱，或对人有所憎恶。向东看的人看不见西边的墙，向南看的人看不见北方，因为他们的注意力都集中在一个方向上了。

【原文】

人有亡铁者[1]，意其邻之子，视其行步窃铁也，颜色窃铁也，言语窃铁也，动作态度无为而不窃铁也。相其谷而得其铁[2]，他日复见其邻之子，动作态度无似窃铁者。其邻之子非变也，己则变矣。变也者无他，有所尤也。

【注释】

〔1〕铁(fū)：斧子。

〔2〕谷：沟，坑。

【译文】

有个人丢了一把斧子，就怀疑是他邻居的孩子偷的。看那孩子走路，像是偷斧子的；看那孩子的脸色，也像是偷斧子的；听那孩子说话，也像是偷斧子的；总之，一举一动，神情态度，都像是偷斧子的。后来他在挖土坑时找到了自己的斧子，第二天他再见到邻居的那个孩子时，觉得那孩子的一举一动，神情态度，都不像是偷斧子的了。他邻居的孩子并没有发生变化，是他自己起了变化。起变化不因为别的什么，就因为他心里有偏见。

兽面纹钺　商代后期，通高18.4厘米，宽8.6厘米，重0.52千克。

【原文】

郕之故法[1]，为甲裳以帛[2]。公息忌谓郕君曰[3]：“不若以组[4]。凡甲之所以为固者，以满窍也[5]。今窍满矣，而任力者半耳。且组则不然，窍满则尽任力矣。”郕君以为然，曰：“将何所以得组也？”公息忌对曰：“上用之则民为之矣。”郕君曰：“善。”下令，令官为甲必以组。公息忌知说之行也，因令其家皆为组，人有伤之者曰[6]：“公息忌之所以欲用组者，其家多为组也。”郕君不说，于是复下令，令官为甲无以组。此郕君之有所尤也。为甲以组而便，公息忌虽多为组何伤也？以组不便，公息忌虽无〔为〕组，亦何益也？为组与不为组，不足以累公息忌之说。用组之心，不可不察也。

【注释】

〔1〕邾(zhū)：古国名，曹姓，为楚所灭，故地在今山东省邹县。

〔2〕甲：战衣。裳：下衣。帛：丝织品。

〔3〕公息忌：人名。

〔4〕组：丝带。

〔5〕窍：孔。

〔6〕伤：诋毁。

【译文】

邾国的旧法规定，制作甲衣甲裳用帛作连缀的材料。公息忌对邾国国君说："用帛不如用组。甲衣之所以牢固，是因为把空隙缝满了。用帛缝满空隙，它只能承受一半的重量。然而用组却不是这样，用它缝满空隙，它就能承受全部的重量了。"邾国国君认为这个意见很正确，就问道："那么将从什么地方得到组呢？"公息忌回答说："国君要用什么东西，老百姓就会制造出什么东西。"邾国国君说："好。"于是下达命令，要求官府制作甲衣甲裳必须用组作连缀的材料。公息忌知道自己的主张被采纳实行了，就让他家里的人都去织组。有人中伤公息忌，说："公息忌之所以要用组的缘故，是因为他们家织了大量的组。"邾国国君听了以后很不高兴，于是又重新下达命令，要求官府制作甲衣甲裳不要用组作连缀材料。这件事说明邾国国君有偏见。如果用组作连缀材料对国家有利，那么公息忌即使织了很多组，又有什么坏处呢？如果用组作连缀材料对国家不利，那么公息忌即使没有组，又有什么好处呢？公息忌家织组与不织组，这并不足以影响公息忌的主张。但公息忌主张用组的意图，却是不可以不认真审察的。

【原文】

鲁有恶者[1]，其父出而见商咄[2]，反而告其邻曰："商咄不若吾子矣。"且其子至恶也，商咄至美也。彼以至美不如至恶，尤乎爱也。故知美之恶，知恶之美，然后能知美恶矣[3]。庄子曰："以瓦投者翔[4]，以钩投者战[5]，以黄金投者殆[6]。其祥一也[7]，而有所殆者，必外有所重者也。外有所重者，泄盖内掘[8]。"鲁人可谓外有重矣。

【注释】

〔1〕恶：此指长相丑陋。

〔2〕商咄：人名，以美出名。

〔3〕引文见《庄子·达生》，文字略有出入。

〔4〕瓦：纺锤，多为陶制。投：当为“投”（tóu）之误字，以玉投于赌盘中为赌注谓之投，引申为凡投掷物皆谓之投（依陈奇猷说）。翔：安详。

〔5〕战：担心。

〔6〕殆：危险。引申为极度紧张。

〔7〕祥：善，指赌技之善。

〔8〕泄：这里指狎弄，指赌博而言（依陈奇猷说）。掘通“拙”。

【译文】

鲁国有一个相貌丑陋的人，他父亲外出遇见美男子商咄，回家后告诉他的邻居说：“商咄不如我的儿子漂亮。”而实际上，他的儿子是最丑陋的人，商咄是最漂亮的人。他把最美的人看得不如最丑陋的人漂亮，是囿于爱子之心。所以，只有了解到美的可能被看成丑的，丑的可能被看成美的，然后才能知道什么是真正的美，什么是真正的丑。庄子说：“赌徒用瓦器作赌注时心思灵巧，用腰带钩作赌注时就忧心忡忡了，用黄金作赌注时那就要心生恐惧了。高明的赌技跟从前是一样的，然而却产生了恐惧心理，原因就在于有了得失的顾虑而重视外物。凡是重视外物的人，赌博时内心就笨拙，不能充分发挥自己的赌技。”那个鲁国人就可以说是重视外物的了。

【原文】

解在乎齐人之欲得金也〔1〕，及秦墨者之相妒也〔2〕，皆有所（乎）尤也。老聃则得之矣。若植木而立乎独〔3〕，必不合于俗，则何可扩矣〔4〕。

【注释】

〔1〕解：解说，答案。齐人欲得金事，见《去宥》篇：齐人有欲得金者，清晨到卖金人的住所，见金而夺之。官吏抓住他审问，为什么当着人面拿人家的金子，他回答说：“我只看到了金子，没看见人。”

〔2〕秦墨者：指唐姑果，东方墨者谢子西入秦将说秦惠王，唐姑果出于嫉妒，说谢子的坏话，秦王偏

老子（约前600－前500年）谥曰聃，姓李、名耳，字伯阳。春秋时思想家道家学派创始人。

听偏信，遂疏远了谢子。事见《去宥》篇。

〔3〕植木：直立的木头。

〔4〕扩：扩充。

【译文】

齐国人想要得到金钱以及秦国墨者互相妒嫉等事情也都说明了上述的这些道理，即都是因为思想上存在着偏见。老聃则懂得这些道理。他就像一棵直立的树木那样独树一帜，坚决不去迎合世俗的偏见，那么他有什么可以扩充为偏见而为其所累呢？

听　言

【原文】

听言不可不察。不察则善不善不分。善不善不分，乱莫大焉。三代分善不善，故王。今天下弥衰，圣王之道废绝。世主多盛其欢乐，大其钟鼓，侈其台榭苑囿，以夺人财；轻用民死，以行其忿[1]；老弱冻馁，夭膑壮狡[2]，汔尽穷屈[3]，加以死虏；攻无罪之国以索地，诛不辜之民以求利；而欲宗庙之安也，社稷之不危也，不亦难乎？今〔有〕人曰“某氏多货，其室培湿[4]，守狗死，其势可穴也。”则必非之矣。曰“某国饥，其城郭庳[5]，其守具寡，可袭而篡之”，则不非之，乃不知类矣[6]。《周书》曰[7]：“往者不可及，来者不可待，(贤)〔能〕明其世〔者〕，谓之天子。”故当今之世，有能分善不善者其王不难矣。〔分〕善不善，本于(义)〔利〕，(不)〔本〕于爱[8]，爱利之为道大矣。夫流于海者，行之旬月，见似人者而喜矣。及其期年也，见其所尝见物于中国者而喜矣。夫去人滋久，而思人滋深欤！乱世之民，其去圣王亦久矣。其愿见之，日夜无间。故贤王秀士之欲忧黔首者，不可不务也。

【注释】

〔1〕忿：同“愤”。

〔2〕夭膜壮狡：使丁壮早死或遭灾病。膜，同“瘠”，灾，病。狡，同“佼”，壮狡即壮丁。

〔3〕汔(qì)尽：几近。穷屈：穷困无措，走投无路。

〔4〕培：屋的后墙。此句言室的后墙潮湿易凿。

〔5〕城郭：本指内外城，此指城墙。庳(bì)：低矮。

〔6〕知类：指知事义之比。

〔7〕周书：古逸书。

〔8〕本于义，不于爱：文字有讹，应作“本于利，本于爱”（依许维遹说）。

【译文】

听人讲话不可不加以考察。不考察，就不能分辨好和不好。分辨不清好和不好，祸乱没有比这更大的了。夏、商、周三代能分辨好和不好，所以能称王于天下。现在天下更加衰微，圣王之道被废弃断绝。当世的君主大多都只顾尽情地寻欢作乐，把钟鼓等乐器造得很大，把台榭园林修建得很豪华，因而过度地掠夺了人民的钱财；他们随随便便让人民去战场送命，以发泄自己心中的愤怒。年老体弱的人受冻挨饿，强壮有力的成年人也被折腾得夭折瘦弱，几乎落到走投无路的地步，死亡和被俘的命运还将随时加在他们身上。攻打没有罪的国家以夺取土地，诛杀没有罪的人民以追求私利。这样做却想要宗庙平安，国家不发生危险，不是很难吗？如果有人说：“某人有很多财物，他家房子的后墙很潮湿，看家的狗死了，这是可以挖墙洞偷东西的好机会。”人们听了以后一定会指责这个人。如果有人说：“某国正在闹饥荒，他们的城墙很低，防守器具很少，我们可以去偷袭并夺取它。”人们听了以后，却不指责这个人。这就是不知道类推了。《周书》里说：“过去的追不回来，未来的不可等待，能让当今世界清平的人，就叫作天子。”所以当今世上，如果有人能分辨清好与不好，那他称王天下就不难了。好和不好的关键在于利人，在于爱人。爱与利这个原则，太关键了。在海上漂流的人，漂行了一个月后，看到像人的东西就会非常高兴。等到漂行了一年之后，看到曾在中原各国见到过的东西就会很高兴了。这就是离开人越久，想念人的感情就越深吧！乱世的人民，他们离开圣王已经很久了，他们渴望见到圣王的心情，白天黑夜都不间断。所以那些忧国忧民的贤君高士，不可不在爱人和利人方面努力啊！

堇临簋　西周早期，通高16.7厘米，宽33.5厘米，重3.06千克。释文：堇临作父乙，宝尊彝。现藏于北京故宫博物院。

【原文】

（功先名）事先功,〔功先名，名先言,〕言无事。不知事恶能听言？不知情恶能当言？其与人谷言也[1]，其有辩乎？其无辩乎？造父始习于大豆[2]，蜂门始习于甘蝇[3]，御大豆，射甘蝇，而不徙（人）〔之〕以为性者也[4]。不徙之，所以致远追急也，所以除害禁暴也。凡人亦必有所习其心，然后能听说。不习其心，习之于学问。不学而能听说者，古今无有也。解在乎白圭之非惠子也[5]，公孙龙之说燕昭王以偃兵及应空（洛）〔雄〕之遇也[6]，孔穿之议公孙龙[7]，翟翦之难惠子之法[8]。此四士者之议，皆多故矣，不可不独论。

【注释】

〔1〕人：当作“夫”。谷言：初生小鸟的叫声。

〔2〕造父、大豆：古代善于驾车的人。

〔3〕蜂门、甘蝇：古代善于射箭的人。“蜂门”一作“逢蒙”。

〔4〕人：当为“之”字（依王念孙说）。

〔5〕白圭：名丹，魏人。惠子：惠施，宋人，庄子的朋友，曾仕魏。他们二人初次见面即互相辩论，非难，详见《吕氏春秋 · 不屈》。

〔6〕公孙龙：魏人，名家代表人物。燕昭王：战国时燕国君主，名平，以筑黄金台招贤著名。偃：止息。公孙龙说燕昭王偃兵之事，见《吕氏春秋 · 应言》。空洛之遇：指在空洛这个地方秦国与赵国的一次会盟。这次会盟，订立了一个盟约：“秦之所欲为，赵助之；赵之所欲为，秦助之。”后秦攻魏，赵欲救魏，秦责赵负约。公孙龙认为，秦王不助赵救魏，也是背约。详见本书《淫辞》篇。

〔7〕孔穿：字子高，孔子的后代，孔穿在平原君处议论公孙龙事，见《淫辞》篇。

〔8〕翟翦：魏国人。惠施为魏惠王制订法令，翟翦认为此法“善而不可行”。

【译文】

先有功绩后有名声，先有举动后有功绩，先有言论后有举动。不了解事情的真实情况，怎么能听信人家的言论？不了解事情的情理，怎么能使言论和事实相符呢？如果不能这样，那么人言与鸟音，是有区别呢？还是没有区别呢？造父最初向大豆学习的时候，蜂门最初向甘蝇学习的时候，造父向大豆学习驭术，蜂门向甘蝇学习射术，都专心不渝，以此作为自己的奋斗理想，专心不渝，这是他们所以能学到致远追击的驭术、除害禁暴的射术的原因。大凡人也一定要修养自己的心性，然后才能正确地听取别人的言论。不修养心性，也应该研习学问。不学习而能正确地听取别人的言论的人，从古到今都没有。这个道理体现在白圭非难惠子、公孙龙向燕昭王游说废止战争以及应付秦赵的空洛会盟、孔穿非议公孙龙、翟翦责难惠子制订的法令等等事上。这四个人的议论，都包含很多的理由，不可不加以认真的辨察。

本　味

【原文】

求之其本，经旬必得；求之其末，劳而无功。功名之立，由事之本也，得贤之化也。非贤其孰知乎事化？故曰其本在得贤。

【译文】

做事情从根本做起，经过短期的努力就能有所收获；从枝节做起，就会劳而无功。功名的建立，是由于抓住了事物的根本，得到了贤人的教化。不是贤人，谁能懂得事物的变化与发展？所以说，建立功名的根本在于得到贤人。

【原文】

有侁氏女子采桑[1]，得婴儿于空桑之中，献之其君。其君令焊人养之[2]。察其所以然，曰："其母居伊水之上[3]，孕，梦有神告之曰：'臼出水而东走[4]，毋顾。'明日，视臼出水，告其邻，东走十里，而顾其邑尽为水，身因化为空桑，故命之曰伊尹。"此伊尹生空桑之故也。长而贤。汤闻伊尹，使人请之有侁氏。有侁氏不可。伊尹亦欲归汤、汤于是请取妇为婚。有侁氏喜，以伊尹为媵送女[5]。故贤主之求有道之士，无不以也；有道之士求贤主，无不行也；相得然后乐。不谋而亲，不约而信，相为殚智竭力，犯危行苦，志欢乐之，此功名所以大成也。〔功名之成〕固不独。士有孤而自恃，

人主有奋而好独者[6]，则名号必废熄，社稷必危殆。故黄帝立四面[7]，(尧)舜得伯阳、续耳然后成[8]，凡贤人之德有以知之也。

【注释】

〔1〕有侁(shēn)氏：有莘氏，古部落名。

〔2〕烰(fú)人：庖人，厨师。

〔3〕伊水：伊河，源于河南省卢氏县东南，流入洛河。

〔4〕臼：舂米的器具，多用石做成。

〔5〕媵(yìng)女：用作动词，陪嫁臣仆。

〔6〕奋：矜，自负。

〔7〕立四面：使人四面出求贤人，得之立为辅佐。

〔8〕伯阳、续耳：舜七友中的二友，皆贤人。“尧”字当为衍文(依陈奇猷说)。

【译文】

有侁氏的女子去采摘桑叶，在桑树的空树干中拾到一个婴儿，就把他献给了君主，君主让厨师抚育婴儿，并让他去了解这个婴儿生在空桑树干中的原因。厨师报告说：“婴儿的母亲住在伊水边，怀孕以后，梦见一个神仙告诉她说：‘如果你看见石臼中出了水，就向东跑，千万不要回头看！’第二天，这位母亲果然看见石臼出了水，她把情况告诉邻居后，就向东跑了十里，回头一看，她住的村子已经成了一片汪洋。于是她的身体变成了一棵中空的桑树。因此，这个孩子就起名伊尹。这就是伊尹出生在空桑树干中的缘由。”伊尹长大后很贤德，汤听说伊尹贤德，就派人向有侁氏请求要伊尹，有侁氏不同意。伊尹也想归附汤。汤于是就请求娶有侁氏女为妻，结为婚姻。有侁氏很高兴，就把伊尹作为女子陪嫁的奴仆给了汤。所以，贤明的君主为求得有道之士，没有什么办法不可使用；有道之士为归附贤明的君主，没有什么事不能做。贤主得到贤臣，贤臣得到贤主，各如其愿，皆大欢喜。他们不先谋划就能亲密无间，不先商约就能恪守信用，共同尽心竭力，承担危难和劳苦，内心却以此为乐。这就是他们能取得极大功名的原因。君主和臣子本来就不能单独行事，士人如果孤行自负，君主如果骄矜而喜好独断，那么他们的名声必被毁灭，国家必遭危险。所以黄帝派人四出求贤以立为辅佐，尧、舜得到伯阳、续耳，然后成就了帝业。大凡贤德之人的品德，是有办法了解的。

商汤　姓子，原名履，又称武汤、成汤。

【原文】

伯牙鼓琴，钟子斯听之，方鼓琴而志在太山，钟子期曰：“善哉乎鼓琴，巍巍乎若太山。”少选之间，而志在流水，钟子期又曰：“善哉乎鼓琴，汤汤乎若流水。”钟子期死，伯牙破琴绝弦，终身不复鼓琴，以为世无足复为鼓琴者。非独琴若此也，贤者亦然。虽有贤者，而无礼以接之，贤奚由尽忠？犹御之不善，骥不自千里也。

【译文】

伯牙弹琴，钟子期听着它。刚开始弹琴而心想表现高山时，钟子期说道：“妙极啦，你弹出来的琴音！就像高山一样巍峨崇高。”过了一会儿，转而心想表现流水时，钟子期又说道：“妙极啦，你弹出来的琴音！就像流水一样浩浩荡荡。”钟子期死后，伯牙摔碎了琴，扯断了弦，终身不再弹琴，认为世上再没有值得为之弹琴的人了。不只弹琴是这样，寻求贤人也是这样。即便是贤德之人，如果君主对他们不能以礼相待，那他们凭什么要为君主尽忠呢？这就好比驾车的人技术不好，良马也就不会自己奔驰而致千里。

【原文】

汤得伊尹，祓之于庙[1]，爝以爟火[2]，衅以牺猳[3]。明日，设朝而见之，说汤以至味，汤曰：“可对而为乎[4]？”对曰：“君之国小，不足以具之，为天子然后可具。夫三群之虫[5]，水居者腥，肉玃者臊[6]，草食者膻，臭恶犹美，皆有所以。凡味之本，水最为始，五味三材，九沸九变，火为之纪。时疾时徐，灭腥去臊除膻，必以其胜，无失其理。调和之事，必以甘酸苦辛咸，先后多少，其齐甚微，皆有自起。鼎中之变，精妙微纤，口弗能言，志不能喻。若射御之微，阴阳之化，四时之数。故久而不弊，熟而不烂，甘而不哝[7]，酸而不酷，咸而不减，辛而不烈，淡而不薄，肥而不腠[8]。肉之美者：猩猩之唇，貛貛之炙[9]，隽燕之翠[10]，述荡之腕[11]，旄象之约[12]。流沙之西[13]，丹山之南[14]，有凤之丸[15]，沃民所食[16]。鱼之美者：洞庭之鱄[17]，东海之鲕[18]。醴水之鱼[19]，名曰朱鳖[20]，六足，有珠[21]，百碧[22]。 雚水之鱼[23]，名曰鳐[24]，其状若鲤而有翼，常从西海夜飞，游于东海。菜之美者：昆仑之蘋[25]，寿木之华[26]。指姑之东[27]，中容之国[28]，有赤木玄木之叶焉[29]。余瞀之南[30]，南极之崖，有菜，其名曰嘉树，其色若碧。阳华之芸[31]，云梦之芹。具区之菁[32]。浸渊之草[33]，名曰土英。和之美者：阳朴之姜[34]，招摇之桂[35]，越骆之菌[36]，鳣鲔之醢[37]，大夏之盐[38]，宰揭之露[39]，其色如玉，长泽之卵[40]。饭之美者：玄山之禾[41]，不周之粟[42]，阳山之穄[43]，南海之秬[44]。水之美者：三危之露[45]；昆仑之井；沮江之丘[46]，名曰摇水[47]；曰山之水[48]；高泉之山[49]，其上有涌泉焉，冀州之原。果之美者：沙棠之实[50]；常山之北[51]，投渊之上[52]，有百果焉，群帝所食；箕山之东[53]，青鸟之所[54]，有甘栌焉[55]；江浦之桔；云梦之柚。汉上石耳[56]。所以致之（马之美）者[57]，青龙之匹[58]，遗风之乘[59]。非先为天子，不可得而具。天子不可强为，必先知道。道者止彼在己[60]，己成而天子成，天子成则至味具。故审近所以知远也，成己所以成人也。圣人之道要矣，岂越越多业哉[61]？”

【注释】

〔1〕祓（fú）：古代除灾祈福的仪式。

〔2〕爝（jué）：芦苇捆成的火把，燃之以除去不祥。爟（guàn）火：祓除不祥的火。

〔3〕衅（xìn）：以牺牲之血涂祭器。 猳（jiā）：纯色雄猪。

〔4〕可对而为乎：当作“可得而为乎”（依毕沅说）。

〔5〕三群之虫：指下文的水居、肉食、草食三类动物。

〔6〕玃（jué）：同“攫”，以手搏取。

〔7〕哝：足，厚（依毕沅说）。
〔8〕腜：字书无此字。据文意当为腻意。
〔9〕 獾獾（guàn guàn）：鸟名，其鸟形不详，炙：同“跖”，掌。
〔10〕隽燕：当作“蓄燕”，鸟名。翠：鸟尾肉。
〔11〕述荡：兽名。
〔12〕旄：旄牛。约：指短尾巴。
〔13〕流沙：古地名，在敦煌西。
〔14〕丹山：古地名，在南方。
〔15〕丸：卵。
〔16〕沃民：国名，在西方。
〔17〕鱄（zhuān）：鱼名。
〔18〕鲕（ér）：鱼名。
〔19〕醴水：水名，在湖南省，流入洞庭湖。
〔20〕朱鳖：红色的甲鱼。
〔21〕有珠：指体内含珠。
〔22〕百碧：疑为“青碧”之误。
〔23〕雚水：古水名，《山海经 · 西山经》作“观水”，在西方。
〔24〕鳐（yáo）：鱼名。
〔25〕蘋：水生野菜。
〔26〕寿木：树名，传说食其果可以长生。
〔27〕指姑：姑余，山名，在东南方。
〔28〕中容：古国名，见《山海经 · 大荒东经》，在东方。
〔29〕赤木、玄木：传说食此树之叶，可成仙。
〔30〕余瞀（mào）：古山名，在南方。
〔31〕阳华：华阳（依高诱说）。芸：芳菜，产于吴、越。
〔32〕具区：泽名，在吴、越间。菁：菜名。
〔33〕浸渊：深渊。
〔34〕阳朴：地名，在蜀。
〔35〕招摇：山名，在桂阳。
〔36〕越骆：当作“骆越”，国名。
〔37〕鳣（zhān）：鲟鳇鱼。鲔（wěi）：鲟鱼。醢（hǎi）：肉酱。
〔38〕大夏：古泽名。
〔39〕宰揭：古山名。
〔40〕长泽：大泽，在西方。
〔41〕玄山：古山名。
〔42〕不周：山名，在西北方，见《山海经 · 西山经》。
〔43〕阳山：山南曰阳，在昆仑之南。穄（jì）：糜子，即黍之不黏者。

〔44〕秬（jù）：黑黍。

〔45〕三危：西极山名。

〔46〕沮江：水名。

〔47〕摇水：瑶水，瑶浆。

〔48〕曰山：当作"白山"，即天山。

〔49〕高泉：古山名，《山海经·中山经》作"高前"。

〔50〕沙棠：木名，产昆仑山，黄华赤实，其味如李而无核，见《山海经·西山经》。

〔51〕常山：恒山，因避汉文帝和宋真宗讳而改为常山。

〔52〕投渊：渊名，其处不详。

〔53〕箕山：山名，在今河南省登封县东南。

〔54〕青鸟之所：青鸟所居之地，神话传说青鸟为西王母的使者。

〔55〕甘栌：疑为"甘楂"之误。

〔56〕石耳：菜名，可入药。

〔57〕马之美者："马之美"三字当为衍文，"者"字属上句。

〔58〕青龙：骏马名。

〔59〕遗风：骏马名。

〔60〕止彼：止，即之，往。

〔61〕越越：犹"搰搰"。《庄子·天地》："搰搰然用力甚多而见功寡。"据此则知"搰搰"为用力的样子（用王念孙说）。业：事。

【译文】

汤得到伊尹之后，在宗庙里举行祓除灾邪的仪式，点燃苇束熏除不祥，用纯色雄猪的血涂祭器。第二天，布置朝廷，举行见面礼。伊尹为汤讲述最美味的食品。汤问道："可以立即按照你说的办法去制作这些美味吗？"伊尹回答说："您的国家太小，不足以具备各种原料，只有当了天子以后，才可以具备各种原料。在三类动物中，生活在水里的有腥味，吃肉的有臊味，吃草的有膻味，味臭、味恶的食物，以及莸草、甘草，都有它们的用处。调味的根本，水是最为重要的。咸、酸、苦、辛、甘五味，水、木、火三种材料，多次煮沸，多次变化，掌握火候是个关键。要时而用猛火，时而用微火，以火除去腥味、臊味、膻味，但火候要适中。调和味道，一定要用咸、酸、苦、辛、甘五味。先放后放，放多放少，混合用还是分开用，这些都有一定的分寸。鼎中味道的变化，精妙细微，既不能言传，又

四羊方尊　商代盛酒器，1938年出土于湖南省宁乡县月山铺，通高58.3厘米，口部边长52.4厘米。重34.5千克。现藏于中国国家博物馆。

不可意会，像射击驾御一样微妙，和阴阳变化一样复杂，跟四时交替一样有规律。所以，久煮而不焦，熟而不烂，甘而不过分甜，酸而不咋舌，咸而不减鲜味，辛而不浓烈，清淡而不过薄，肥而不腻。美味的肉食有：猩猩的嘴唇，獾獾的脚掌， 蔫燕的尾肉，述荡的小腿，旄牛大象的腰子，还有流沙西边，丹山南边出产的沃国人所食用的凤凰蛋。美味的鱼有：洞庭湖的鳟鱼，东海的鲕鱼，醴水中长着六只脚、皮上有珠文百串的名叫朱鳖的鱼，雚水中形状像鲤鱼可是却有翅膀、夜里常从西海飞到东海的名叫鳐的鱼。美味的菜有：昆仑山的蘋菜。寿木上结的果实，指姑山东边的中容国出产的红树黑树的树叶，余瞀南边、南极边上颜色像碧玉一样的名叫嘉树的菜，阳华池的芸菜，云梦泽的水芹菜，具区泽的菁菜，浸渊的名叫土英的草。美味的调料有：阳朴的姜，招摇的桂，骆越的笋，鳣鱼鲔鱼做的肉酱，大夏的盐，宰揭的甘露，长泽的洁白如玉的石卵。美味的粮食有：玄山的禾谷，不周山的小米，阳山的穈子，南海的黑黍。甘美的水有：三危山的露水，昆仑山的泉水，沮江边山丘上名叫摇水的泉水，曰山的水，高泉山上作为冀州之水源头的涌泉。美味的水果有：沙棠树的果实，常山北边、投渊上面先帝们享用的各种果实，箕山东边、青鸟所居之处的甜山楂，长江边的桔子，云梦泽畔的柚子，汉水旁的石耳。用来运这些东西的良马有：青龙马、遗风马。你如果不首先成为天子，就不可能得到这些东西。天子不可以勉强去当，一定要先懂得仁义之道。仁义之道不在于别人，而在于自己。自己具备了仁义之道，那么就能成为天子。能成为天子，那么美味就齐备了。所以，审察近的就可以了解远的，自己具备了仁义之道，就可以教化别人。圣人之道很简约，哪里用得着勤勤苦苦去做许多事情呢？

义赏

【原文】

春气至则草木产，秋气至则草木落，产与落或使之[1]，非自然也。故使之者至，物无不为；使之者不至，物无可为。古之人审其所以使，故物莫不为用。

【注释】

〔1〕或使之：有某种东西使它这样。

【译文】

春气到来，草木就生长；秋气到来，草木就凋零。生长与凋零，是外力使它这样的，不是植物自身要如此。所以起支配作用的外力一到，万物没有不随之变化的；起支配作用的外力没到，万物没有会发生变化的。古人能够审察使万物变化的外力，所以万物没有不能被他们利用的。

【原文】

赏罚之柄〔1〕，此上之所以使也。其所以加者义，则忠信亲爱之道彰。久彰而愈长，民之安之若性，此之谓教成。教成则虽有厚赏严威弗能禁。故善教者，(不)〔义〕以赏罚而教成〔2〕，教成而赏罚弗能禁。用赏罚不当亦然。奸伪贼乱贪戾之道兴，久兴而不息，民之仇之若性，戎、夷、胡、貉、巴、越之民是以〔3〕，虽有厚赏严罚弗能禁。郢人之以两版垣也〔4〕，吴起变之而见恶，赏罚易而民安乐；氐羌之民〔5〕，其虏也〔6〕，不忧其系累〔7〕，而忧其死不焚也；皆成乎邪也，〔且成而贼民。〕故赏罚之所加，不可不慎。(且成而贼民)〔8〕。

【注释】

〔1〕柄：指权柄。

〔2〕不以赏罚而教成：当作“义以赏罚而教成”(依陶鸿庆说)。

〔3〕戎、夷、胡、貉(mò)巴、越：指古代各少数民族。是：指示代词，等于说“是这样”。以：通“矣”。

〔4〕两版：指用两版夹土。垣：墙。

〔5〕氐羌之民：古代少数民族。氐即西戎。羌，西部民族之一。

〔6〕虏：此指被俘虏。

〔7〕系累：被囚禁捆绑。

〔8〕且成而贼民：此句当在“故赏罚之所加”句上(依陈奇猷说)。

【译文】

赏罚的权力，是君主用来役使人的力量。施加赏罚符合道义，那么忠诚守信相亲相爱的原则就会彰明。这个原则长久地得到彰明则其生命力就会更长，人民安于忠诚守信相亲相爱就会成为习惯，这就叫作教化成功。教化成

毛叔盘　清宫旧藏，通高17.2厘米，口径47.6厘米，宽52.5厘米，重14.26千克。现藏于北京故宫博物院。

功后，则即使有优厚的奖赏和严厉的惩罚，也不能禁止人们去实行。所以，善于进行教化的人，根据道义施行赏罚，因而教化能够成功；教化成功后，即使施行赏罚也不能禁止人们去实行。施行赏罚不恰当也是这样。施行赏罚不恰当，奸诈虚伪贼乱贪暴的原则就会兴起，长期兴起而且不能平息，人们就像出于本性一样照此去做，这就跟戎夷胡貉巴越等族的人一样了，即使有优厚的奖赏和严厉的刑罚，也不能禁止人们这样做，楚国人用两块夹板筑土墙，吴起改革了这种方法从而遭到怨恨。吴起于是惩罚用两版筑墙的方法，奖赏用四版筑墙的方法，这样才改变过来，民众从而得到了安乐。氐族、羌族的人，他们被俘的时候，不担心被捆绑，却担心自己死后尸体不能被焚化。不愿改变两版筑墙的方法，害怕死后尸体不得焚化，这都是由于邪曲造成的，而邪曲一旦养成习气，就会危害民众。所以，施加刑罚不可不慎重啊。

【原文】

昔晋文公将与楚人战于城濮[1]，召咎犯而问曰[2]：“楚众我寡，奈何而可？”咎犯对曰：“臣闻繁礼之君，不足于文；繁战之君，不足于诈。君亦诈之而已。”文公以咎犯言告雍季[3]，雍季曰：“竭泽而渔，岂不获得？而明年无鱼。焚薮而田[4]，岂不获得？而明年无兽。诈伪之道，虽今偷可[5]，后将无复[6]，非长术也。”文公用咎犯之言，而败楚人于城濮。反而为赏[7]，雍季在上。左右谏曰：“城濮之功，咎犯之谋也。君用其言而赏后其身，或者不可乎！”文公曰：“雍季之言，百世之利也。咎犯之言，一时之务也。焉有以一时之务先百世之利者乎？孔子闻之曰：“临难用诈，足以却敌。反而尊贤，足以报德。文公虽不终始，足以霸矣。”赏重则民移之，民移之则成焉。成乎诈，其成毁，其胜败。天下胜者众矣，而霸者乃五，文公处其一，知胜之所成也。胜而不知胜之所以成，与无胜同。秦胜于戎而败乎殽[8]，楚胜于诸夏而败乎柏举[9]。武王得之

矣，故一胜而王天下。众诈盈国，不可以为安，患者独外也。

【注释】

〔1〕城濮：春秋卫地名，在今河南省范县南。

〔2〕咎犯：见《当染》篇注。

〔3〕雍季：晋大夫。

〔4〕薮：水浅草茂的泽地。田：后来写作“畋”，打猎。

〔5〕偷可：勉强可行，侥幸可以过得去。

〔6〕无复：不可再重复，不可再行。

〔7〕反：同“返”，返回。

〔8〕秦胜于戎：指秦穆公用蹇叔之计，送女乐给西戎王，使戎王沉湎酒色之中，最后战胜了西戎。败乎殽：指秦穆公袭郑，回兵之时，晋襄公在殽（河南省西部的殽山）乘机大败秦军。

〔9〕楚胜于诸夏：指公元前597年楚国在殽打败晋国。诸夏：指中原地区的国家。败乎柏举：指楚昭王在柏举被吴国打败。

【译文】

从前晋文公要跟楚国人在城濮交战，把咎犯召来问道：“楚兵多而我兵少，怎样做才能取胜呢？”咎犯回答说：“我听说多礼的君主，不嫌文辞之多，多战的君主，不嫌欺诈之多。主君也只要对楚国实行诈术就行了。”文公把咎犯的话告诉了雍季，雍季说：“弄干池水捉鱼，怎么会没有收获呢？不过第二年就没有鱼了。焚烧山林来打猎，怎么会没有收获呢？不过第二年就没有野兽了。采用欺诈之术，即使现在可以苟且占点便宜，可是以后就不灵了。这不是长久之策。”然而文公还是采纳了咎犯的计谋，在城濮打败了楚军。回来后进行奖赏，把雍季放在首位。左右的人劝谏说：“城濮之战的胜利，是由于采用了咎犯的计谋。主君用了咎犯的计谋，可是行赏却把他放在后边，这恐怕不可以吧？”文公说：“雍季的话是符合长远利益的，咎犯的话则只能取得一时之功。哪有重一时之功而轻长远利益的呢？”孔子听到这件事后说：“面临急难而采用欺诈之术，足以击退敌人；得胜回来后尊崇贤人，足以报答恩德。这种精神文公虽然没有贯彻始终，然而却足以称霸诸侯了。”奖赏重，人民就会改变奸伪之习。人民改变了奸伪之习，就是完成了教化。如果用诈术去教化人民，形成的是奸伪之习，即便成功了，最终也必定毁坏；即便暂时胜利了，但最终也必定要失败。天下取得过胜利的人多了，但是称霸的只有五个人，文公是其中之一，因为他知道取得胜利的原因。如果取得了胜利却不知道取得胜利的原因，那就跟没取得胜利一样。秦国战胜了戎，但却在殽吃了败仗；楚国战胜了中原国家，但却在柏举吃了败仗。周武王最了解这个道理了，所以打了一次胜仗就称王天下了。各种诈术充满国家，国家就不会安定了。祸患并不只是来自国外啊！

【原文】

赵襄子〔围于晋阳,〕出围[1]，赏有功者五人，高赦为首[2]，张孟谈曰[3]："晋阳之(中)〔事〕[4]，赦无大功，赏而为首何也？"襄子曰："〔晋阳之围,〕寡人之国危，社稷殆，身在忧约之中，与寡人交而不失君臣之礼者惟赦，吾是以先之。"仲尼闻之[5]曰："襄子可谓善赏矣。赏一人而天下之为人臣〔者〕莫敢失礼。"为六军则不可易。北取代[6]，东迫齐[7]。令张孟谈踰城潜行，与魏桓、韩康期而击智伯[8]，断其头以为觞[9]，遂定三家[10]，岂非用赏罚当邪？

【注释】

〔1〕赵襄子出围：指赵襄子被智伯围于晋阳，后反乘机联合韩、魏二家灭智伯事。

〔2〕高赦：赵襄子的家臣。

〔3〕张孟谈：赵襄子的家臣，当赵襄子晋阳被围时，他曾与韩、魏二家暗中联系。

〔4〕晋阳之中：当作"晋阳之事"。

〔5〕仲尼闻之：赵襄子之事在孔子之后，孔鲋在《孔丛子·答问》中已辨其伪。

〔6〕代：战国时国名，为赵襄子所灭，见《史记·赵世家》，其地在今河北省蔚县一带。

〔7〕迫：逼迫，威胁。

〔8〕魏桓：魏桓子，名驹。韩康：韩康子，名虎。期：约定日期。

〔9〕觞：酒器。据《史记·刺客列传》载：智伯死后，赵襄子曾"漆其头以为饮器"。

〔10〕三家：指韩康子、赵襄子、魏桓子三家。

【译文】

赵襄子从晋阳的围困中出来以后，赏赐五个有功劳的人，高赦受首赏。张

陈子匜　春秋前期，通高16.7厘米，宽29.8厘米，重2.09千克。现藏于北京故宫博物院。

孟谈说："晋阳突围之事，高赦无大功，却受了首赏，这是为什么？"赵襄子回答说："当我的国家危急，社稷遇险，身处在忧患之中的时候，和我来往而不失君臣之礼的，只有高赦一人，所以我要首先奖赏他。"孔子听到这件事后说："襄子可以说是善于奖赏的人。奖赏了一个人而使得天下做臣子的人都不敢失礼了。"赵襄子用这种办法治理军队，军队就不敢轻慢，他向北灭掉代国，向东威逼齐国，命令张孟谈越出城墙暗中跟魏桓子、韩康子相约共同袭击智伯，胜利后砍下智伯的头把它做成酒器，于是奠定了韩、赵、魏三家分晋的局面。难道不是由于赏罚得当吗？

察　今

【原文】

上胡不法先王之法，非不贤也，为其不可得而法。先王之法，经乎上世而来者也，人或益之，人或损之，胡可得而法？虽人弗损益，犹若不可得而法。(东)〔夷〕夏之命[1]，古今之法，言异而典殊[2]，故古之命多不通乎今之言者，今之法多不合乎古之法者。殊俗之民，有似于此，其(所)为欲同[3]，其所为欲异，口惛之命不愉[4]，(若舟车衣冠滋味声色之不同)人以自是，反以相诽。天下之学者多辩，言利辞倒[5]，不求其实，务以相毁，以胜为故[6]。先王之法，胡可得而法？虽可得，犹若不可法。凡先王之法，有要于时也[7]，时不与法俱至。法虽今而至，犹若不可法。故择先王之成法[8]，而法其所以为法。先王之所以为法者何也？先王之所以为法者人也。而己亦人也，故察己则可以知人，察今则可以知古，古今一也，人与我同耳。有道之士，贵以近知远，以今知古，以益所见，知所不见。故审堂下之阴[9]，而知日月之行、阴阳之变；见瓶水之冰，而知天下之寒、鱼鳖之藏也；尝一脟肉[10]，而知一镬之味[11]、一鼎之调。

【注释】

〔1〕东夏："东"为"夷"之误（依谭戒甫说）。命：名（后文"古之命"的"命"字与此同义）。

〔2〕典：典章制度。

〔3〕"所"字为衍文（依陈奇猷说）。

〔4〕口惛之命："惛"同"吻"。口吻之命指方言。不愉：不相晓谕，不同。

〔5〕言利辞倒：犹巧言利辞。

〔6〕故：事，等于说目的。

〔7〕要：合。

〔8〕择：可通"释"，放弃，丢开。

〔9〕阴：这里指日、月的影子。

〔10〕脟：切成的肉块。

〔11〕镬（huò）：无足的鼎，古代煮肉器具。

【译文】

当今的君主为什么不效法古代帝王的成法？并不是因为当今的君主不贤明，而是因为这些成法不可能被后人效法。古代帝王的法度是经过前代传下来的，有的人增补过它，有的人删削过它，怎么可能被效法呢？即使人们没有增补、删削过它，也还是不可能被效法。东夷和华夏的名称，古今的法度，言辞各异，典制不同。所以古代的名称跟现在的叫法多不相通，现在的法度与古代的法度多不相合。不同习俗的人民，和这种情形相似。他们所要实现的愿望相同，但他们的所作所为不同。各地的方言不同，就像车船、衣帽、饮食滋味和音乐色彩的不同一样，可是人们却自以为是，反过来还互相非议。天下的学者大多善辩，言辞锋利，是非颠倒，不求符合实际，专心致力于互相诋毁，以争胜为能事。古代帝王的法度怎么能从他们这种人那里得到并加以效法呢？即使可以得到古代帝王法度的真传，也还是不能加以效法。凡是古代帝王的法度，都是适应当时形势的需要而立的，但时势不能与法度一同存在到现在，法度虽然流传到现在，还是不能加以效法。所以要放弃古代帝王的现成法度，而取法他们制定法度所凭借的根

蟠螭纹铜镜　战国后期，直径19.3厘米，重0.527千克。现藏于北京故宫博物馆。

据。古代帝王制定法度的根据是什么呢？古代帝王制定法度的根据是人。我们自己也是人，所以考察自己就可以了解别人，观察现在就可以推知古代。古今的道理是一样的，别人与自己是相同的。有道之士的高明之处就在于能根据近的推知远的，根据现在推知古代，根据所见到的推知所没有见到的。所以观察堂下的阴影，就可以推知日月运行的情况；看到瓶里的水结成冰，就知道气候已经非常寒冷，鱼鳖已经潜藏起来了；品尝一块肉，就可以知道一锅的滋味、一鼎的调和情况。

【原文】

荆人欲袭宋，使人先表澭水〔1〕。澭水暴益，荆人弗知，循表而夜涉，溺死者千有余人，军惊而坏都舍。向其先表之时可导也〔2〕，今水已变而益多矣，荆人尚犹循表而导之，此其所以败也。今世之主，法先王之法也，有似于此。其时已与先王之法亏矣〔3〕。而曰“此先王之法也”而法之以为治，岂不悲哉？故治国无法则乱，守法而弗变则悖，悖乱不可以持国。世易时移，变法宜矣。譬之若良医，病万变，药亦万变。病变而药不变，向之寿民〔4〕，今为殇子矣〔5〕。故凡举事必循法以动，变法者因时而化。若〔行之〕此论则无过务矣〔6〕。

【注释】

〔1〕表：做标记。澭水：古水名，在河南省境内，河道今已不存。

〔2〕向：从前。

〔3〕亏：通“诡”，异，不同（依王念孙说）。

〔4〕寿民：长寿的人。

〔5〕殇子：未成年而夭折的孩子。

〔6〕过务：错事。

【译文】

楚国人想偷袭宋国，派人先去测量澭水的深浅做好标志。澭水突然暴涨，楚国人不知道，仍然照着旧标志在深夜中涉渡。结果淹死了一千多人，三军惊哗，就像都市中的房屋倒塌一样。原先做标志的时候本是可以渡过去的，现在水位已经发生变化，上涨得多了，楚国人却仍然照着旧标志渡河，这就是他们失败的原因。现在的君主效法古代帝王的法度，就有些像这种情况。

他所处的时代已经与古代帝王的法度不适应了，却还说“这是古代帝王的法度”，并且效法它，以它作为治理国家的依据，难道不是很可悲吗？所以说，治理国家没有法度就要发生混乱，死守古代帝王的法度而不进行变革就会发生谬误。出现谬误和混乱，是不能保住国家的。社会变迁了，时代发展了，变法是合时宜的。这就好比良医治病，病情千变万化，药也要千变万化。如果病情已经发生变化，而药却没有变，本来可以长寿的人，如今就会变成短命的人了。所以凡是做事情一定要依照法度去行动，变法的人要根据时代的发展而变化。如果懂得这个道理，那就没有错误的事了。

【原文】

夫不敢议法者，众庶也；以死守〔法〕者[1]，有司也；因时变法者，贤主也。是故有天下〔者〕七十一圣[2]，其法皆不同，非务相反也。时势异也。故曰（良）剑期乎断[3]，不期乎镆铘[4]；（良）马期乎千里，不期乎骥骜[5]，夫成功名者，此先王之千里也。楚人有涉江者，其剑自舟中坠于水，遽契其舟[6]，曰：“其吾剑之所从坠。”舟止，从其所契者入水求之。舟已行矣，而剑不行，求剑若此，不亦惑乎？以（此）故法为其国与此同。时已徙矣，而法不徙，以此为治岂不难哉？有过于江上者，见人方引婴儿而欲投之江中，婴儿啼，（人）问其故，曰：“此其父善游。”其父虽善游，其子岂遽善游哉？〔以〕此任物，亦必悖矣[7]。荆国之为政，有似于此。

【注释】

〔1〕以死守者：“守”下当脱一“法”字（依毕沅说）。

〔2〕有天下：当作有天下者（依陈奇猷说）。

〔3〕期：求。断：砍断东西。

〔4〕镆铘（mò yé）：一作“莫邪”，宝剑名，传说是干将所铸。

〔5〕骥骜（jì ào）：都是千里马。

〔6〕遽：马上，忽然。契：刻。

〔7〕“此”字前脱一“以”字。任物：对待事物。

【译文】

不敢议论法度的，是一般的百姓；死守成法的，是各级官吏；顺应时代而变法的，是贤明的君主。因此，古代享有天下的七十一位圣贤君主，他们的法度都不相同。他们并不是存心要跟前人相反，而是因为时代和形势不同。所以说，好剑只期望它能斩断东西，不要求它一定是莫邪；良马只期望它能日行千里，不要求它一定是骥骜。能成就功名的法度，这就是古代帝王的千里马。楚国有一个人乘船渡江，他的剑从船上掉进水里，急忙在船帮上刻了一个记号，说："这就是我的剑掉下去的地方。"等船停了，他就从刻着记号的地方跳进水里去寻找他的剑。船已经走动了，而剑没有走动，像这样去寻找掉进水里的剑，岂不是太糊涂了吗？用过了时的法度来治理国家，就像刻舟求剑的人一样。时代已经变了，可是法度却不随着改变，想用这个办法治理好国家，岂不是太难了吗？有个人路过江边，看见一个人正拉着一个小孩要把他扔到江里，那小孩吓得哇哇乱哭。这人走上前去问他这是怎么回事，他说："这个小孩的父亲善于游泳。"孩子的父亲虽然善于游泳，孩子难道也就会善于游泳吗？用这种方法来处理事情，也一定是很荒谬的了。楚国处理政事的情况，有些跟这相似。

螭梁盉　战国前期，清宫旧藏，通高24.2厘米，宽24.2厘米。重3.52千克。现藏于北京故宫博物院。

察　微

【原文】

使治乱存亡若高山之与深溪〔1〕，若白垩之与黑漆，则无所用智，虽愚犹可矣。且治乱存亡则不然，如可知、如可不知、如可见、如可不见。故智士贤者相与积心愁虑以求之〔2〕，犹尚有管叔、蔡叔之事与东夷八国不听之谋〔3〕。故治乱存亡，其始若秋毫。察其秋毫，则大物不过矣。

【注释】

〔1〕使：即使，假如。

〔2〕愸：通“揫”。《尔雅》：“揫，聚也。”

〔3〕管叔、蔡叔：都是周武王之弟，因分封于管（今河南郑州）和蔡（今河南上蔡西南），故称管叔、蔡叔。武王死后，成王年幼，周公旦摄政，管叔、蔡叔不服，和纣王之子武庚一起叛乱，东夷八国响应，遂不听王命。

【译文】

假使治乱存亡的预兆像高山和深谷、白垩和黑漆那样容易分辨，那么就没有运用智慧的地方了，即使是愚笨的人也可以分辨出来了。然而治乱存亡并不是这样容易分辨：好像可以知道，又好像不可以知道；好像可以看到，又好像不可以看到。所以智士贤人处心积虑地去探求它，还仍有管叔、蔡叔的叛乱事件和东夷八国不听王命的阴谋。所以治乱存亡，它开始时像秋毫那样细微。如果能审察开始时的秋毫，那么在大事上就不会有过失了。

【原文】

鲁国之法，鲁人为人臣妾于诸侯〔1〕、有能赎之者，取其金于府。子贡赎鲁人于诸侯，来而让不取其金。孔子曰：“赐失之矣〔2〕。自今以往，鲁人不赎人矣。取其金则无损于行，不取其金则不复赎人矣。”子路拯溺者，其人拜之以牛〔3〕，子路受之。孔子曰：“鲁人必拯溺者矣。”孔子见之以细，观化远也〔4〕。

【注释】

〔1〕臣：男奴仆。妾：女奴仆。

〔2〕赐：子贡的名字。

〔3〕拜之以牛：用牛作为感谢之礼。

〔4〕观化远也：观察事物的发展变化眼光远大。

【译文】

鲁国的法令规定，鲁国人在别的诸侯国当奴隶，如果有能赎他们回来的，可以从国库领取酬金。子贡从别的诸侯国赎回一个鲁国人，回来后却辞让，不去领取酬金。孔子说：“端木赐做错了，从今以后，鲁国人不会再赎人了。领取国库的金钱并不会损害一个人的品行，不领取金钱就不会再赎人了。”子路拯救了一个溺水者，那个人用一头牛拜谢他，子路接受了礼物。孔子说：“鲁国人一定都会拯救溺水者了。”孔子能从细微之处考察事物，从而推知日后变化的必然结果啊。

【原文】

楚之边邑曰卑梁[1]，其处女与吴之边邑处女桑于境上，戏而伤卑梁之处女。卑梁人操其伤子以让吴人[2]，吴人应之不恭，怒杀而去之。人往报之，尽屠其家。卑梁公怒[3]，曰："吴人焉敢攻吾邑？"举兵反攻之，老弱尽杀之矣。吴王夷昧闻之怒[4]，使人举兵侵楚之边邑，克夷而后去之。吴、楚以此大隆[5]。吴公子光又率师与楚人战于鸡父[6]，大败楚人，获其帅潘子臣、小惟子、陈夏啮[7]，又反伐郢，得荆平王之夫人以归，实为鸡父之战。凡持国，太上知始，其次知终，其次知中。三者不能，国必危，身必穷。《孝经》曰[8]："高而不危，所以长守贵也；满而不溢，所以长守富也。富贵不离其身，然后能保其社稷，而和其民人。"楚不能之也。

【注释】

〔1〕卑梁：春秋时楚国的边邑，与吴接壤。后世用此典把因微故而酿成大衅的，称为卑梁之衅。

〔2〕伤子：指受伤的女子。古时男女皆可称子。让：责备。

〔3〕卑梁公：卑梁的守邑大夫。

〔4〕夷昧：《史记·吴太伯世家》作"馀昧"，他是吴王寿梦的第三子，继承其兄馀祭的王位而立为吴王。

〔5〕隆：通"哄"，斗殴（依孙诒让说）。

〔6〕公子光：是公子诸樊之子，即求专诸刺王僚者。鸡父：春秋楚地，在今河南省固始县。

〔7〕潘子臣、小惟子：均为楚大夫。陈夏啮：陈国大夫，名夏啮。这三人不是在一次战斗中俘获的，此系作者误记。

〔8〕引文见《孝经·诸侯章》。

【译文】

楚国有个边境城邑叫卑梁，那里的姑娘和吴国边境城邑的姑娘同在边境上采桑叶，游戏时，吴国的姑娘弄伤了卑梁的姑娘。卑梁的人带着受伤的姑娘去责备吴国人。吴国人出言不逊，卑梁人十分恼火，杀死吴人走了。吴国人去卑梁报复，把那个卑梁人全家都杀了。卑梁的守邑大夫大怒，说："吴国人怎么敢攻打我的城邑？"于是发兵反击吴人，把吴人老弱全都杀死了。吴王夷昧听到这件事后很生气，派人领兵入侵楚国的边境城邑，攻占以后才离去。吴国和楚国因此发生了大规模的冲突。吴国公子光又率领军队在鸡父和楚国人交战，大败楚军，俘获了楚军的主帅潘子臣、小惟子以及陈国的大夫夏啮。又接着攻打郢都，获得楚平王的夫人而回。这就是鸡父之战。凡是主持国事，最上等的是要了解事情开始时的情势，其次是要预见到事情的结局，再次是要知道事情发展的经过，这三点都做不到，国家一定危险，自身一定困窘。《孝经》上说："高却不倾危，就能长期保持尊贵；满却不外溢，就能长期保持富足。富贵不离其身，然后才能保住他的国家，而且安定他的人民。"可是楚国做不到这一点。

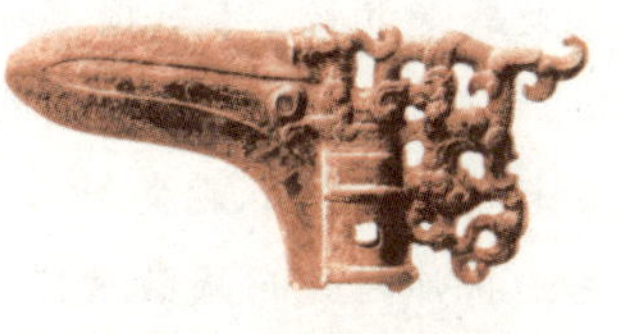

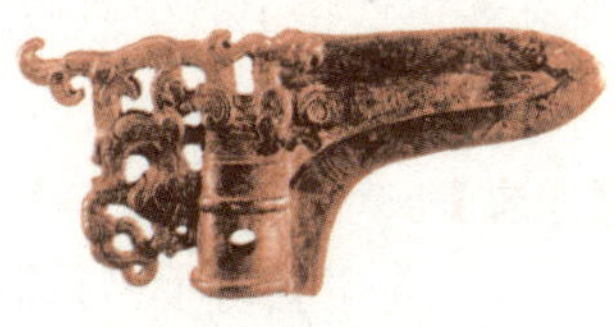

邗王是野戈　春秋后期，通高64.8厘米，宽38.8厘米，重29千克。

【原文】

郑公子归生率师伐宋〔1〕。宋华元率师应之大棘〔2〕，羊斟御〔3〕。明日将战，华元杀羊飨士，羊斟不与焉〔4〕。明日战，怒谓华元曰："昨日之事，子为制〔5〕；今日之事，我为制。"遂驱入于郑师。宋师败绩，华元虏。夫弩机差以米则不发〔6〕。战，大机也。飨士而忘其御也，将以此败而为虏，岂不宜哉？故凡战必悉熟偏备，知彼知己，然后可也。

【注释】

〔1〕归生：郑大夫，字子家。

〔2〕华元：宋大夫。大棘：春秋宋邑，故址在今河南省柘城县西北。

〔3〕羊斟：宋人，华元的御手，后奔鲁。

〔4〕与：参与。

〔5〕制：节制，控制。

〔6〕弩机：弓上发箭的装置。米：指一粒米的长度。

【译文】

郑国公子归生率领军队讨伐宋国。宋国华元率领军队在大棘应战，羊斟给他驾车。第二天将要开战，华元杀羊宴享将士，羊斟却不在宴享之列。第二天战事开始，羊斟愤怒地对华元说："昨天的事由你掌握，今天的事由我掌握。"于是驾车冲入郑国的军队里。宋国军队大败，华元被俘，弩牙只差一粒米的距离就不能发射。战争正像一个大弩牙。宴享将士却忘记了自己的驭手，将帅因此而战败被俘，难道不是应该的吗？所以，凡是作战一定要熟悉所有部下包括小将小兵的情况，知彼知己，然后才可以作战。

【原文】

鲁季氏与郈氏斗鸡[1]，郈氏介其鸡[2]，季氏为之金距[3]。季氏之鸡不胜。季平子怒，因(归)〔侵〕郈氏之宫而益其宅[4]。郈昭伯怒，伤之于昭公，曰："禘于襄公之庙也[5]，舞者二(人)〔八〕而已[6]，其余尽舞于季氏。季氏之舞道[7]。无上久矣，弗诛必危社稷。"公怒不审，乃使郈昭伯将师徒以攻季氏，遂入其宫。仲孙氏、叔孙氏相与谋曰："无季氏，则吾族也死亡无日矣。"遂起甲以往，陷西北隅以入之，三家为一，郈昭伯不胜而死。昭公惧，遂出奔齐，卒于干侯[8]。鲁昭听伤而不辩其义[9]，惧以鲁国不胜季氏，而不知仲、叔氏之恐而与季氏同患也，是不达乎人心也。不达乎人心，位虽尊，何益于安也？以鲁国恐不胜一季氏，况于三季[10]？同恶固相助[11]。权物若此其过也[12]。非独仲、叔氏也，鲁国皆恐。鲁国皆恐，则是与一国为敌也，其得至乾侯而卒犹远[13]。

【注释】

〔1〕鲁季氏：鲁国有权势的贵族季孙氏，此指季平子。郈(hòu)氏：鲁国公室，此指郈昭伯。

〔2〕介：甲。此处用作动词，使……披甲。

〔3〕之：指鸡。金距：金属的鸡爪。

〔4〕归：当为"侵"之误字(依孙蜀丞说)。宫：室。

〔5〕禘(dì)：祭名，此指宗庙四时祭祀之一。夏日举行的宗庙祭祀叫禘。

〔6〕二人：当作"二八"。古时舞者八人为一佾(yì)。二八即二佾。按礼制诸侯祭祀用六佾，今用二佾，其余被季氏占为己有。

〔7〕舞道：舞蹈的规矩。

〔8〕干侯：晋地名，在今河北省安成县东南。

〔9〕伤：中伤，诋毁。辩：分辨。义：道理。

〔10〕三季：指季孙氏、仲孙氏、叔孙氏三家。

〔11〕同恶：所厌恶者相同。三季均厌恶鲁昭公。

〔12〕权：权衡，衡量。

〔13〕其：指昭公。这句是说昭公得以至干侯而死，犹幸其远。远：指时间久远。

鲁大司徒铺　春秋后期，通高28.6厘米，宽25.2厘米，重7.24千克。1932年出土于山东省曲阜林前村。现藏于北京故宫博物院。

【译文】

鲁国的季氏和郈氏斗鸡。郈氏给他的鸡披上甲，季氏则给鸡安上金属爪子。季氏的鸡没有取胜，季平子很生气，就侵占郈氏的宫室来扩大自己的住宅。郈昭伯很生气，就在昭公面前中伤季氏，说："在襄公之庙举行大祭的时候，参加乐舞的人只有十六人而已，其余的人都到季氏家参加乐舞去了。季氏目无乐舞的成规，不把君主放在眼里已经很长时间了。不杀掉他，一定会危害国家。"昭公听了大怒，不加详察，就派郈昭伯率领军队去攻打季氏，随即攻入季氏的宫室。仲孙氏、叔孙氏彼此商议道："如果没有了季氏，那么咱们家族也离灭亡没几天了。"于是起兵去支援季氏，攻破西北角而进入季氏的宫室，季氏、仲孙氏、叔孙氏三家联合成为一家。郈昭伯不能取胜而被杀死。昭公很害怕，于是出逃到齐国，后来死在干侯。鲁昭公听信中伤季氏的话，却不去分辨是否合乎道理，只是害怕用鲁国的力量不能胜过季氏，而不知道仲孙氏、叔孙氏的恐惧，他们与季孙氏是患难与共的，这说明他不通晓人的心理状态。不通晓人的心理状态，地位虽然尊贵，对安全又有什么益处呢？以鲁国的力量恐怕还不能战胜一个季氏，更何况三个季氏呢？他们的好恶相同，势必会互相救助。昭公权衡事情错误到如此地步，不只是仲孙氏、叔孙氏会感到恐惧，整个鲁国都会感到恐惧。整个鲁国都感到恐惧，那么这就是与整个国家为敌了。昭公得以出逃到干侯才死，还算是远了呢！

不　二

【原文】

听群众（人）〔之〕议以治国，国危无日矣。何以知其然也？老耽贵柔[1]，孔子贵仁，墨翟贵廉[2]，关

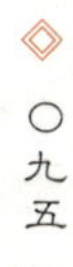

尹贵清[3]，子列子贵虚[4]，陈骈贵齐[5]，阳生贵己[6]，孙膑贵势[7]，王廖贵先[8]，兒良贵后[9]。有金鼓所以一耳也[10]；同法令所以一心也；智者不得巧，愚者不得拙，所以一众也；勇者不得先，惧得不得后，所以一力也。故一则治，异则乱；一则安，异则危。夫能齐万不同[11]，愚智工拙，皆尽力竭能，如出乎一穴者，其惟圣人矣乎！无术之智，不教之能，而恃强速贯习[12]，不足以成也。

【注释】

〔1〕老耽贵柔：指老子提出“以柔克刚”、“以弱胜强”的主张。

〔2〕廉：节俭。墨子主张“非乐”、“节用”、“节葬”等。

〔3〕关尹：名喜，曾为函谷关尹，属道家。老子过函谷关，他请老子著“道”、“德”二经。主张“其动若水，其静若镜”，讲究保持纯气，认为守纯气可以蹈火不热。

〔4〕子列子：列子，姓列，名御寇，属道家。主张“静也虚也，得其居矣”。

〔5〕陈骈：田骈，战国时齐国人，主张生死一样，古今相同，“齐万物以为首”。

〔6〕阳生：杨朱，他是拔一毛利于天下而不为的利己主义者。

〔7〕孙膑：古代军事家，有《孙膑兵法》三十篇，主张用兵“其巧在于势”，“所谓善战者，便势利地者也”。

〔8〕王廖：战国时的兵家，主张用兵贵在事先建立策略。

〔9〕兒(nì)良：战国时的兵家。贵后：疑为重后发制人。

〔10〕一：统一。

〔11〕齐：使……齐一。万不同：指众多的不同事物。

〔12〕速贯习：迅速习惯于守法(用陈奇猷说)。

【译文】

专听从众人纷纷议论来治理国家，国家危亡就没有多少时日了。凭什么知道是这样呢？老子崇尚柔，孔子崇尚仁，墨翟崇尚兼爱，关尹崇尚清静，子列子崇尚虚无，陈骈崇尚齐等，阳生崇尚自我，孙膑崇尚势态，王廖崇尚先发制人，兒良崇尚后发制人。设置锣鼓，是为了统一士卒的进退；统一法令，是为了统一民心；使智者不耍花招，使愚者不犯错误，是为了统一众人的智力；使勇敢的人不敢冒进，使胆怯的人不敢后退，是为了统一大家的力量。所以，统一就秩序井然，各自为政就一片混乱；统一就平安，各自为政就危险。能够使所有的人思想、步调一致，使愚蠢的、聪明的、灵巧的、笨拙的人都能尽力竭能，就像由一个起点出发一样，大概只有圣人吧！　君主没有数术而用智巧，臣子不听法令而表现才能，这样做而想使国家强盛，让人们习惯于守法，是不可能的。

淫　　辞

【原文】

非辞无以相期〔1〕，从辞则乱〔2〕。（乱）辞之中又有辞焉〔3〕，心之谓也。言不欺心，则近之矣。凡言者，以谕心也。言心相离，而上无以参之〔4〕，则下多所言非所行也，所行非所言也。言行相诡，不祥莫大焉。

【注释】

〔1〕期：相约，会合。

〔2〕从：同“纵”，指恣意而言。

〔3〕乱：当为衍文（依陈昌齐说）。

〔4〕参：考察，验证。

【译文】

没有言辞就无法互相交往，可是听信言辞就会发生混乱。言辞之中又有言辞，这就是思想。言辞不违背思想，那就差不多了。凡是说的话，都是为了表达思想的。说的话和思想相背离，君上又没有办法来验证它，那么臣下就会有很多所说的话和所做的事不相符合，以及所做的事和所说的话不相符合的情况。言行互相背离，没有什么比这更不吉祥的了。

杜虎符　战国时秦国兵符，长9.5厘米，高4.4厘米。1973年出土于陕西省西安市北沉村。现藏陕西历史博物馆。

【原文】

空雄之遇〔1〕，秦、赵相与约（约）曰：“自今以来，秦之所欲为，赵助之；赵之所欲为，秦助之。”居无几何，秦兴兵攻魏，赵欲救之。秦王不悦，使人让赵王曰[2]：“约曰‘秦之所欲为，赵助之；赵之所欲为，秦助之’。今秦欲攻魏，而赵因欲救之，此非约也。”赵王以告平原君。平原君以告公孙龙。公孙龙曰：“亦可以发使而让秦王曰：‘赵欲救之，今秦王独不助赵，此非约也。’”

【注释】

〔1〕空雄：当作“空雒”（依毕沅说）。前《听言》篇亦作“空洛”，“洛”字在曹魏之前写作“雒”，因与“雄”形近致误。遇：盟会。

〔2〕让：以辞相责斥。

【译文】

在空雄会盟时，秦国和赵国互相约定说：“从今以后，秦国想要做的事，赵国要予以帮助；赵国想要做的事，秦国要予以帮助。”过了没多久，秦国发兵攻打魏国。赵国想援救魏国。秦王很不高兴，派人责备赵王说：“盟约说：秦国想要做的事，赵国要予以帮助，赵国想要做的事，秦国要予以帮助。现在秦国想要攻打魏国，而赵国却要去救魏国，这是违背盟约的。”赵王把这个情况告诉了平原君。平原君又转告公孙龙。公孙龙说：“赵王也可以派使节去责备秦王说：‘赵国想要救魏国，现在秦王偏偏不帮助赵国，这是违背盟约的。’”

【原文】

孔穿、公孙龙相与论于平原君所[1]，深而辩，至于藏三牙[2]，公孙龙言藏之三牙甚辩，孔穿不应，少选，辞而出。明日，孔穿朝。平原君谓孔穿曰：“昔者公孙龙之言甚辩。”孙穿曰：“然。几能令藏三牙矣。虽然难。愿得有问于君，谓藏三牙甚难而实非也，谓藏两牙甚易而实是也，不知君将从易而是者乎？将从难而非者乎？”平原君不应。明日，谓公孙龙曰：“公无与孔穿辩。”

【注释】

〔1〕孔穿：字子高，孔子的后代。平原君：赵胜，赵惠文王之弟。曾为赵相。

〔2〕藏三牙：当作“藏三耳”，“藏”即“臧”的借字，通“牂”（zāng），即母

羊。“羊三耳”是当时名家辩论的命题，他们认为“羊有耳”是一个集合的概念。羊又有两耳，加起来是三个概念，如同坚白之辩、白马非马的辩论一样，是一种诡辩。

【译文】

孔穿和公孙龙在平原君那里互相辩论问题，深入而雄辩。谈到了羊有三只耳的命题。公孙龙论证羊有三只耳论证得很雄辩，孔穿不吭声，不一会儿，告辞而去。第二天，孔穿上朝。平原君告诉孔穿说：“昨天公孙龙的言论很雄辩。”孔穿说：“是这样，几乎能让羊有三只耳了。虽然如此，但还是难以成立的。我愿问问您，论证羊有三只耳难度很大而事实也并非如此，论证羊有两耳很容易而事实也正是如此。不知道您将听信容易论证而且事实正是如此的观点呢，还是听信论证难度大而且事实也并非如此的观点呢？”平原君没有回答。第二天，平原君告诉公孙龙说：“你不要再跟孔穿辩论了。”

【原文】

荆柱国庄伯令其父视“（曰）〔日〕”[1]，（日）〔曰〕：“在天”；“视其奚如？”曰：“正圆。”“视其时”，曰“当今。”令谒者：“驾。”曰：“无马[2]。”令涓人“取冠”，〔曰：〕“进上[3]。”问“马齿”，圉人曰：“齿十二与牙三十[4]。”人有任臣不亡者[5]，臣亡，庄伯决之，任者无罪[6]。

【注释】

〔1〕柱国：上柱国，战国时期楚国官职名，为最高武官。庄伯：人名。父：古代“父”与“巫”相通，此“父”字，系主占卜的巫（依陈奇猷说）。“日、曰”二字，原文颠倒，今据诸家之说改正。

〔2〕谒者：官名，负责为国君传达命令。谒者不管驾车，此句是令谒者通知驾车者备车，谒者误以为令己驾车，故以“无马”回答。这段对话都是讥笑庄伯辞意不明，致生误会。

〔3〕涓人：主管清洁扫除的人。取冠：“冠”与“干”古同音，“取干”即将湿处治之使干燥，涓人误以为“取冠”，故回答说：帽子已戴在你头上（依陈奇猷说）。

〔4〕圉人：主管养马刍牧的官员。

〔5〕任：担保。臣：此指奴隶。亡：逃亡。

〔6〕任者无罪：奴隶逃亡，按法律担保者本应有罪，而庄伯释其罪，是乱说之辞。

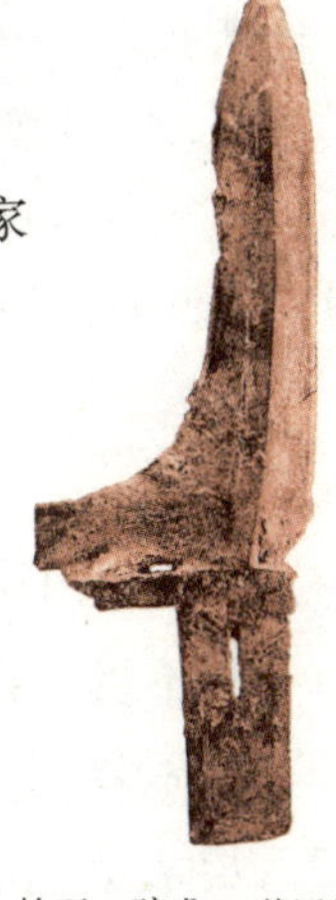

楚王酓璋戈　战国前期，高22.3厘米，宽7.2厘米，重0.22千克。释文：作韓戈。以卲扬文武之口。楚王酓璋严犹南越用。

【译文】

楚国柱国庄伯命令他的父亲："看看太阳。"说："在天上。""看看太阳怎么样了。"说："正圆"。"看看是什么时候。"说："就是现在。"庄伯命令谒者："驾车。"回答说："没有马。"庄伯命令涓人："拿帽子。""已戴在你的头上。"庄伯问马的年齿，圉人说："齿十二个，加上牙共三十个。"有一个人担保奴隶不逃亡，结果奴隶却逃亡了，庄伯对此作了判决：保人无罪。

【原文】

宋有澄子者，亡缁衣[1]，求之途，见妇人衣缁衣，援而弗舍，欲取其衣，曰："今者我亡缁衣。"妇人曰："公虽亡缁衣，此实吾所自为也。"澄子曰："子不如速与我衣，昔吾所亡者，纺缁也[2]。今子之衣，禅缁也[3]。以禅缁当纺缁，子岂不得哉？"

【注释】

〔1〕亡：指丢失。缁衣：用黑色帛所做的朝服或衣服。

〔2〕纺缁：用纺丝的织品制成的黑色衣服。

〔3〕禅（dān）：单衣。

【译文】

宋国有一个叫澄子的，丢了一件黑衣服，就沿路寻找。看见一个妇人穿着一件黑衣服，便拉住不放。想扒下她的衣服。说："如今我丢了一件黑衣服。"妇人说："您虽然丢了一件黑衣服，但这件衣服确实是我自己做的呀。"澄子说："你不如赶紧把衣服给我！我原先丢失的是纺缁，现在你的衣服是禅缁。用禅缁抵纺缁，你难道还不占便宜吗？"

【原文】

宋王谓其相唐鞅曰[1]："寡人所杀戮者众矣，而群臣愈不畏，其故何也？"唐鞅对曰："王之所罪，尽不善者也。罪不善，善者故为不畏。王欲群臣之畏也。不若无辨其善与不善而时罪之，若此则群臣畏矣。"居无几何，宋君杀唐鞅，唐鞅之对也，不若无对。

【注释】

〔1〕宋王：此宋康王。唐鞅：宋康王相。

【译文】

宋王对他的相国唐鞅说："我所杀戮的人够多的了，而群臣却越来越不害怕。这是什么缘故呢？"唐鞅回答说："大王所惩治的全是不好的人。惩治不好的人，因此好人不害怕。君王想要群臣害怕，不如不去辨别他们是好还是不好，而是时时去治他们的罪。像这样，那么群臣都会害怕了。"过了没多久，宋王杀了唐鞅。唐鞅回答宋王的话还不如不回答。

【原文】

惠子为魏惠王为法〔1〕。为法已成，以示诸(民)〔良〕人，(民)〔良〕人皆善之。献之惠王，惠王善之，以示翟翦〔2〕。翟翦曰："善也。"惠王曰："可行耶？"翟翦曰："不可。"惠王曰："善而不可行，何故？"翟翦对曰："今举大木者，前呼舆謣〔3〕，后亦应之，此其于举大木者善矣，岂无郑、卫之音哉？然不若此其宜也。夫国亦木之大者也〔4〕。"

【注释】

〔1〕惠子：惠施，宋人，仕魏为魏惠王相。

〔2〕翟翦：魏国人。

〔3〕舆謣(yú)：亦作"邪许(hǔ)"、"邪所"，表声词，抬重物时所唱的号子声。

〔4〕这句是说治国亦如举大木一样，自有宜用之法。

【译文】

惠子为魏惠王起草法律条文。条文制定好了，把它出示给人民群众，人民群众都认为很好。惠子于是献给了惠王。惠王认为很好，把它交给翟翦看。翟翦说："很好。"惠王说："可以实行吗？"翟翦说："不可以。"惠王说："认为这个条文好又说它不可以实行，这是什么缘故？"翟翦回答说："现在抬大木头的人，前面的人喊着'嗨哟'，后面的人也跟着应和，这对抬木头的人来说是好的。难道就没有比这劳动号子更悦耳的郑卫之音了吗？然而不如劳动号子适宜啊。国家也是一根大木头啊。"

用　民

【原文】

凡用民，太上以义，其次以赏罚。其义则不足死，赏罚则不足去就[1]，若是而能用其民者，古今无有。民无常用也，无常不用也，惟得其道为可。

【注释】

〔1〕去就：指去恶就善。

【译文】

凡是使用人民，以义来推动他们是上策，其次才用赏罚。如果行义不足以让人民去效死，赏罚不足以让人民去恶向善，像这样而却能使用自己的人民的人，从古到今都没有。天下没有经常可用的人民，也没有经常不可用的人民，只有掌握了用民之道才可以使用人民。

【原文】

阖庐之用兵也不过三万，吴起之用兵也不过五万。万乘之国，其为三万五万尚多。今外之则不可以拒敌，内之则不可以守国，其民非不可用也，不得所以用之也。不得所以用之，国虽大，势虽便，卒无众[1]，何益？古者多有天下而亡者矣，其民不为用也。用民之论，不可不熟。

【注释】

〔1〕无：与“弥”通，甚。

【译文】

阖庐用兵，不超过三万。吴起用兵，不超过五万。拥有万辆兵车的大国，它们用兵比三万五万还多，可是现在对外不可以御敌，对内不可以保国。它们的人民不是不可以使

吴王光鉴　春秋晚期吴国水器。因为作者为吴王光（阖庐）故名。1955年出土于安徽寿县蔡侯墓，高35厘米，口径59厘米。现藏于中国国家博物馆。

用，是因为没有掌握用民之道。不掌握用民之道，国家即使很大，形势即使很有利，士兵即使很多，有什么益处呢？古代有很多享有天下可是最后却遭到灭亡的，就是因为他们的人民不为其所用啊。所以，用民的学说，不可不熟悉啊。

【原文】

剑不徒断[1]，车不自行，或使之也。夫种麦而得麦，种稷而得稷，人不怪也。用民亦有种，不审其种，而祈民之用[2]，惑莫大焉。

【注释】

〔1〕徒：凭空，无故。断：指断物。

〔2〕祈：求。

【译文】

宝剑不会凭空断物，车子不会自己行走，这都要有人去使用它们。播种麦子就收获麦子，播种糜子就收获糜子，人们对此并不感到奇怪。使用人民也有播什么种子的问题，不考察播下什么种子，却祈求人民被使用，没有比这更糊涂的了。

【原文】

当禹之时，天下万国，至于汤而三千余国，今无存者矣，皆不能用其民也。民之不用，赏罚不充也[1]。汤、武因夏、商之民也[2]，得所以用之也。管、商亦因齐、秦之民也[3]，得所以用之也。民之用也有故，得其故，民无所不用。用民有纪有纲[4]，一引其纪、万目皆起，一引其纲，万目皆张。为民纪纲者何故？欲也恶也。何欲何恶？欲荣利，恶辱害。辱害所以为罚充也，荣利所以为赏实也。赏罚皆有充实，则民无不用矣。

【注释】

〔1〕赏罚不充：指赏罚不兑现。充，充实。

〔2〕汤、武：指商汤与周武王。因：依靠。这句是说汤因夏民，武王因商民。

〔3〕管、商：管仲、商鞅。

〔4〕纪：本指丝缕的头绪。纲：本指提网的绳，后纲纪引申为法纪。

【译文】

在大禹的时代，天下有一万个国家；到了汤的时候，已只有三千多个国家了；现在，已没有存在的了。这都是因为这些国家的君主不能使用他们的人民。人民不能被使用，是因为当赏不赏，当罚不罚。商汤、武王能使用夏、商的人民，因为掌握了使用他们的方法；管仲、商鞅能使用齐国、秦国的人民，也因为掌握了使用他们的方法。人民被使用是有原因的，懂得了这个原因，人民没有不被使用的。使用人民就像鱼网一样有纪有纲，一牵引纪，万目都被提起，一牵引纲，万目都张开。治理人民的纲纪是什么？是希望，是憎恶。人民希望什么？憎恶什么？希望荣耀利益，厌恶耻辱祸害。憎恶耻辱祸害，就使得惩罚发生作用；希望荣耀利益，就使得奖赏发生作用。赏罚都发生作用，人民没有不被使用的了。

夏禹　夏代开国君主。颛顼之孙，姓姒氏，号禹。世称大禹。

【原文】

阖庐试其民于五湖。剑皆加于肩，地流血几不可止。勾践试其民于寝宫[1]，民争入水火，死者千余矣，遽击金而却之，赏罚有充也。莫邪不为勇者兴，惧者变[2]，勇者以工，惧者以拙，能与不能也。

【注释】

〔1〕勾践试其民于寝宫：事见《韩非子·内储说上》。文种为伐吴，以焚宫室试民向勾践建议，遂焚宫室，人民没有救火的。乃下命令，救火而死者，其赏与在战场上牺牲战士相等，救火而未死者，与战胜敌人之赏同。不救火者，以投降敌人论罪。于是人们身涂泥巴，被湿衣而赴火者左三千人，右三千人，以此知伐吴必胜。

〔2〕兴：当作“与”（依王念孙说）。

【译文】

阖闾在五湖考验他的人民，剑都刺到了肩头，血流遍地，几乎都不能制止人民前进。勾践在寝宫考验他的人民，放火焚烧寝宫，一声救火令下，人民争着赴汤蹈火，死了一千多人，这才鸣锣叫他们退回来。这就是赏罚发生了作用。莫邪不是因为勇敢的人使用它而变得锋利，也不会因为怯懦的人使用它而变得不快，但勇敢的人靠了它更加灵巧，胆怯的人靠了它却更加笨拙，这是善于使用和不善于使用造成的。

【原文】

夙沙之民〔1〕，自攻其君，而归神农。密须之民〔2〕，自缚其主，而与文王。汤、武非徒能用其民也，又能用非己之民。能用非己之民，国虽小，卒虽小，功名犹可立。古昔多由布衣定一世者矣，皆能用非其有也。用非其有之心，不可〔不〕察之本〔3〕。三代之道无二，以信为管〔4〕。

【注释】

〔1〕夙沙：亦作“宿沙”、“质沙”，上古部落名。居东海滨。

〔2〕密须：古之密国，为周文王所灭，故治在今甘肃省灵台县西。

〔3〕不可察之本：当作“不可不察其本”（依毕沅说）。

〔4〕信：指信义。管：枢要，关键。

【译文】

夙沙的人民，自动攻打他们的君主，然后去归顺神农。密须的人民，自动捆绑他们的君主，然后归顺文王。汤、武不只能使用自己的人民，还能使用不属于自己的人民。能够使用不属自己的人民，国家虽然小，士兵虽然少，但还是可以建立功名的。古代多由平民百姓安定一个时代，这些人都能使用不属于自己的人民。使用不属自己的人民的心思，是不可不明察的根本啊。夏、商、周三代的成功之道没有别的，他们是把取信于民作为关键的啊。

【原文】

宋人有取道者〔1〕，其马不进，倒而投之鸂水〔2〕。又复取道，其马不进，又倒而投之鸂水。如此者三。虽造父之所以威马〔3〕，不过此矣。不得造父之道，而徒得其威，无益于御。人主之不肖者，有似此。不得其道，而徒多其威。威愈多，民愈不用。亡国之主，多以多威使其民矣。故威不可无有，而不足专恃。譬之若盐之于味，凡盐之用，有所托也[4]，不适则败托而不可食。威亦然，必有所托，然后可行。恶乎托[5]？托于爱利。爱利之心谕，威乃可行。威太甚则爱利之心息。爱利之心息而徒疾行威，身必咎矣[6]，此殷、夏之所以绝也。君，利势也，次官也[7]。处次官，执利势，不可而不察于此。夫不禁而禁者[8]，其唯深见此论耶。

【注释】

〔1〕取道：赶路。“取”通“趣”。

〔2〕倒：当作“到”（依王念孙说），断首。 鸂水：溪水。

〔3〕造父：古代善于驭马的人，曾为周穆王的御者。威马：对马树立自己的威严。

〔4〕托：依托。

〔5〕恶：作疑问代名词，什么，何。

〔6〕咎：祸殃。

〔7〕次官：疑当作“大官”，盖“大”误作“欠”，又误作“次”（参用俞樾说）。

〔8〕不禁而禁：不用法令禁止而人们自会禁止。

嵌松石蟠螭纹豆　战国前期，通高39厘米，宽24厘米，重3.05千克。1974年出土于北京市顺义县。现藏北京故宫博物院。

【译文】

宋国有一个赶路的人，他的马不肯前进，就杀死一匹马，并把尸体投入鸂水。接着又继续赶路，他的马还是不肯前进，就又杀死一匹马，并把尸体投入鸂水。像这样的情况发生了三次。即使是造父用来对马树立威严的办法，也不过如此了。没有掌握造父驭马的方法，而只是学到了造父的威严，这对于驾驭马是没有益处的。君主中的那些不肖者，就有点像这个宋国人的做法。没有掌握用民之道，而只是滥施淫威。威严的手段越多，人民越不为他所用。亡国的君主，大多都是以繁多的威严手段来使用他的人民。所以威严不可以没有，但也不足专门依仗。譬如像盐之对于

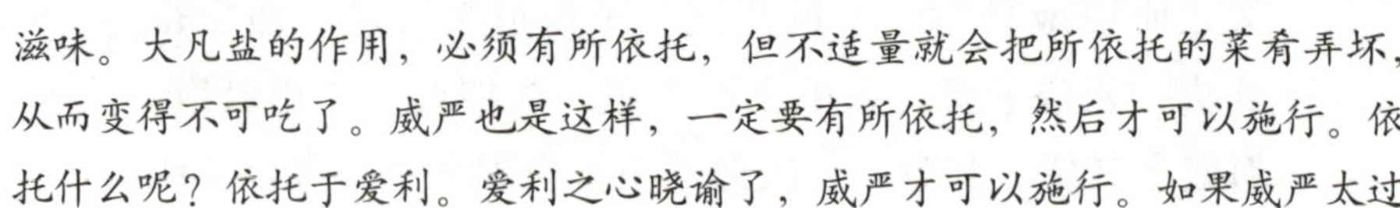

滋味。大凡盐的作用，必须有所依托，但不适量就会把所依托的菜肴弄坏，从而变得不可吃了。威严也是这样，一定要有所依托，然后才可以施行。依托什么呢？依托于爱利。爱利之心晓谕了，威严才可以施行。如果威严太过

分，那么爱利之心就会止息，爱利之心已经止息，而凭空厉行威严，那么君主一定要遭灾祸了。这就是殷、夏之所以灭绝的原因。君主，掌握着利益和权势，能决定官吏的等级。处于决定官吏等级的地位，掌握着利益和权势，对这种情况不可不审察清楚啊。不需用刑罚就能禁止人们为非作歹，大概只有深刻地认识到这个道理才能做到吧？

举　难

【原文】

〔物固不可全也。〕以全举人固难，物之情也。人伤尧以不慈之名〔1〕，舜以卑父之号〔2〕，禹以贪位之意〔3〕，汤、武以放弑之谋〔4〕，五伯以侵夺之事〔5〕。由此观之，物岂可全哉？故君子责人则以人〔6〕，自责则以义。责人以人则易足，易足则得人；自责以义则难为非，难为非则行饰〔7〕；故任天地而有余。不肖者则不然，责人则以义，自责则以人。责人以义则难（瞻）〔赡〕〔8〕，难（瞻）〔赡〕则失亲；自责以人则易为，易为则行苟；故天下之大而不容也，身取危、国取亡焉，此桀、纣、幽、厉之行也〔9〕。尺之木必有节目〔10〕，寸之玉必有瑕适〔11〕。先王知物之不可全也，故择物而贵取一也〔12〕。

【注释】

〔1〕伤：诋毁。尧传位给舜，而不传其子，所以有人诋毁他对儿子不慈爱。

〔2〕《韩非子·忠孝》说："瞽叟为舜父而舜放之"，舜的不孝之名和卑父之号，大概指此而言。

〔3〕这是指禹接受了舜的禅让，继承了帝位，而又把帝位传给自己的儿子启。

〔4〕汤王伐夏桀，夏桀出奔南方，情同放逐。武王伐纣，纣兵败自焚而死，犹如臣弑君。

〔5〕五伯：五霸。侵夺之事：指其互相争战。

〔6〕以人：按常人的标准。

〔7〕行饰：行为端正。"饰"同"敕"，正。

〔8〕难瞻：当作"难赡"（依毕沅说），难以满足要求。

〔9〕幽、厉：指周幽王宫涅和周厉王胡，厉王比幽王在位之时早六十多年。他们都是无道之君。

〔10〕节目：指木头上的节疤。

〔11〕瑕适（zhè）：玉上的斑点。

〔12〕择物：指对物的选择。取一：取其一点长处或一技之长。

【译文】

用十全十美的标准去举荐人必然很难，这是事物的常情。有人用不慈的名声来诋毁尧，用不敬父亲的名义来诋毁舜，用贪图君位来诋毁禹，用放逐、弑杀桀、纣的计谋来诋毁汤、武，用侵夺土地的事实来诋毁五霸。由此看来，事物怎么能十全十美呢？所以，君子以普通人的标准去要求别人，以义的标准来要求自己。以普通人的标准去要求别人就容易满足，容易满足就能得到人才；以义的标准来要求自己就难以做错事，难以做错事行为就端正。所以君子即使担任像天地那样大的重任也游刃有余。不肖的则不是这样。以义的标准去要求别人，以一般人的标准来要求自己。以义的标准去要求别人，就难以满足自己的愿望，难以满足自己的愿望，就会失去亲附自己的人；以普通人的标准来要求自己，就容易做到，容易做到，行为就多不检点。所以，天下虽然广大，也容纳不了这种人。他们自身和国家都会自取灭亡。这就是夏桀、商纣、周幽王、周厉王的所作所为啊。一尺长的木头，一定有节头；一寸大的玉石，一定有斑点。先王知道事物不可能十全十美，所以选择事物只看重取其好的一个方面。

兽面纹鼎　商代后期，通高23厘米，宽17.8厘米，重1.97千克。出土于安徽阜南。现藏于北京故宫博物院。

【原文】

季孙氏劫公家〔1〕。孔子欲谕术则见外〔2〕，于是受养而便说〔3〕，鲁国以訾〔4〕。孔子曰："龙食乎清而游乎清，螭食乎清而游乎浊〔5〕，鱼食乎浊而游乎浊。今丘上不及龙，不下若鱼，丘其螭耶。"夫欲立功者，岂得中绳哉？救溺者濡，追逃者趋。

【注释】

〔1〕季孙氏：鲁国权势很大的贵族。劫公家：劫夺国家政权。

〔2〕谕术：以道术使其晓谕。见外：被疏远。

〔3〕受养：指作为食客或家臣被养活。便说：便利于行说。

〔4〕訾(zǐ)：诋毁。

〔5〕螭(chī)：传说中无角的龙。

【译文】

季孙氏把持公室政权，孔子想晓之以理，但又担心这样会受到疏远，于是就去接受季孙氏的给养，以便于向他游说。鲁国人为此毁谤孔子。孔子说："龙在清水里吃东西，在清水里游动；螭在清水里吃东西，在浊水里游动；鱼在浊水里吃东西，在浊水里游动。现在我上比不上龙，下也不像鱼，我大概属于螭这一类吧！"要想建立功名的人，行为怎么能完全符合规范呢？抢救溺水的人，自身也要沾湿；追赶逃跑的人，自己也得奔跑。

【原文】

魏文侯弟曰季成，友曰翟璜[1]。文侯欲相之而未能决，以问李克[2]。李克对曰："君欲置相，则问乐腾与王孙苟端孰贤[3]？"文侯曰："善。"以王孙苟端为不肖，翟璜进之[4]；以乐腾为贤，季成进之；故相季成。凡听于主，言人不可不慎。季成，弟也，翟璜，友也，而犹不能知，何由知乐腾与王孙苟端哉？疏贱者知，亲习者不知，理无自然[5]。〔理无〕自然而断相过[6]，李克之对文侯也亦过。虽皆过，譬之若金之与木，金虽柔犹坚于木。

【注释】

〔1〕翟璜：一作"翟黄"，下邦人，曾向魏文侯举荐过吴起、西门豹、乐羊、李克等人。

〔2〕李克：子夏的学生，仕于魏。

〔3〕乐腾、王孙苟端：二人皆魏文侯之臣。

〔4〕进：举荐。

〔5〕理无自然：不会有这样的道理。

〔6〕"自然"上当脱"理无"二字。

【译文】

魏文侯的弟弟名叫季成，朋友名叫翟璜。文侯想让他们两个人中的一个担任相国，可是不能决断，就询问李克。李克回答说："君王想任命相国，那么看看乐腾与王孙苟端哪一个更贤能就行了。"文侯说："好。"文侯认为王孙苟端不肖，而他是翟璜举荐的；认为乐腾贤能，而他是季成举荐的。所以就任命季成为相。凡是被君主所听信的人，谈论他人时不可不慎重。季成是文侯的弟弟，翟璜是文侯的朋友，文侯尚且不了解他们，又怎么能了解乐腾和王孙苟端呢？对疏远低贱的人了解，对亲近熟悉的人不了解，没有这样的道理。没有这样的道理却要以此决断相位，这就错了。李克回答文侯的话也错了。他们虽然都错了，但是就如同金和木一样，金即使柔软也还是比木坚硬。

虢虎叔旅钟　西周晚期，打击乐器，通高65.4厘米，铣距36厘米，重34.6千克。传世7件，其中之一现存北京故宫博物院。

【原文】

孟尝君问于白圭曰〔1〕："魏文侯名过桓公，而功不及五伯，何也？"白圭对曰："文侯师子夏，友田子方，敬段干木，此名之所以过桓公也。卜相曰'成与璜孰可〔2〕？'此功之所以不及五伯也。相也者，百官之长也。择者欲其博也。今择而不去二人，与用其仇亦远矣〔3〕。且师友也者，公可也〔4〕；戚爱也者〔5〕，私安也〔6〕。以私胜公，衰国之政也。然而名号显荣者，三士羽之也〔7〕。"

【注释】

〔1〕白圭：白圭有二人，一为周人，与魏文侯同时；一为魏人，与公孙龙同时，此为后者（依陈奇猷说）。

〔2〕卜：指以占卜方法选择。成：指季成。璜：指翟璜。

〔3〕用其仇：指齐桓公不记管仲的一箭之仇，任用他为相。

〔4〕公可：犹公义。

〔5〕戚：亲戚。爱：宠爱之人，分别指季成与翟璜。

〔6〕私安：私利。

〔7〕三士：指子夏、田子方、段干木三人。"羽"下原脱"翼"字，据毕沅说补。

【译文】

孟尝君向白圭问道："魏文侯的名声超过了齐桓公，可是功业却赶不上五霸，为什么呢？"白圭回答说："文侯以子夏为师，以田子方为友，尊重段干木，这是他名声之所以超过齐桓公的原因。不过在选择相国时却说：'季成和翟璜哪一个可以担任相国'，这是他功业赶不上五霸的原因。相国是百官的首领。选择时要从众多的人中挑选。现在挑选相国却不超出两个人的范围，这和齐桓公敢于任用自己的仇人为相就差得太远了。而且，以师友为相，是为了公利；以亲属宠臣为相，是为了私利。把私利放在公利之上，这是没落国家的政治。不过文侯的名声却显赫荣耀，那是因为有三位贤士辅佐他。"

【原文】

宁戚欲干齐桓公，穷困无以自进，于是为商旅将任车以至齐[1]，暮宿于郭门之外。桓公郊迎客，夜开门，辟任车[2]，爝火甚盛[3]，从者甚众。宁戚饭牛居车下，望桓公而悲，击牛角疾歌。桓公闻之，抚其仆之手曰："异哉！之歌者非常人也。"命后车载之[4]。桓公反，至，从者以请。桓公赐之衣冠，将见之。宁戚见，说桓公以治境内。明日复见，说桓公以为天下，桓公大悦，将任之。群臣争之曰[5]："客，卫人也。卫之去齐不远，君不若使人问之，而因贤者也，用之未晚也。"桓公曰："不然。问之，患其有小恶，以人之小恶，亡人之大美，此人主之所以失天下之士也已。"凡听必有以矣[6]。今听而不复问，合其所以也。且人固难全，权而用其长者[7]。当〔是〕举也，桓公得之矣。

【注释】

〔1〕任车：载车。

〔2〕辟：使躲避。

〔3〕爝火：小火把。

〔4〕后车：副车，侍从之车。

〔5〕争：指劝谏。

〔6〕以：因由，缘故。

〔7〕权：衡量。

【译文】

宁戚想向齐桓公谋求官职，但处境穷困，没有办法使自己得到举荐，于是就替商人赶着装载货物的车来到齐国，晚上露宿在城门外。桓公到郊外迎接客人，夜里打开了城门，让路上的货车避开。当时火把很明亮，跟随的人很多。宁戚在车下喂牛，他看到桓公，感到很悲伤，就拍击着牛角大声唱起歌来。桓公听到歌声后，抚摸着自己的车夫的手说："真奇怪！那个唱歌的人不是个平常人。"就命令副车载着他。桓公回城后，到了朝廷里，跟随的人员请示桓公如何安置宁戚。桓公赐给他衣服帽子，准备接见他。宁戚进见齐桓公，用如何治理国家的话劝说桓公。第二天又进见齐桓公，用如何治理天下的话劝说桓公。桓公很高兴，准备任用他。群臣劝谏他说："这位客人是卫国人。卫国离齐国不远，您不如派人去询问一下。如果确实是贤德之人，再任用他也不晚。"桓公说："不能这样。去询问他的情况，是担心他有小毛病。因为一个人的小毛病而丢掉他的大优点，这是君主之所以失去天下贤士的原因。"凡是听取别人的主张一定有某个取舍的根据，现在听从了他的主张而不再去追究他的为人如何，是因为他的主张合乎自己的标准。况且人本来就难以十全十美，衡量以后用其所长，这就是得当的举荐啊。桓公算是掌握住这个原则了。

宁戚饭牛　宁戚，生卒年不详。春秋莱棠邑（今山东省平度市），一说是卫国人（今河南境内）人。齐桓公二十八年（前685年）拜为齐国大夫，后长期任齐国大司田，为齐桓公主要朝佐者之一。

察　贤

【原文】

今有良医于此，治十人而起九人[1]，所以求之万也[2]。故贤者之致功名也，必乎良医，而君人者不知疾求，岂不过哉？今夫塞者[3]，勇力、时日、卜筮、祷祠无事焉，善者必胜。立功名亦然，要在得贤。魏文侯师卜子夏，友田子方，礼段干木，国治身逸。天下之贤主，岂必苦形愁虑哉？执其要而已矣。雪霜雨露时[4]，则万物育矣，人民修矣[5]，疾病妖厉去矣。故曰尧之容若委衣裘[6]，以言少事也。

【注释】

〔1〕起：指治愈。

〔2〕求：指登门求医者。万：极言求医者之多。

〔3〕塞：同“簺”，又名“格五”，是古代的一种博弈游戏。

〔4〕时：及时。

〔5〕修：善，好。

〔6〕容：仪容。委衣裘：委曲衣裘而坐，喻消闲自得。

【译文】

如今这里有一个好医生，给十个人治病治好了九个，那么求他治病的人就会很多。贤能的人为君主建立功名，就好比好医生能给人治好病一样，可是做君主的却不知道奋力去寻找这样的人，这难道不是过错吗？如今下棋的人，勇力、时机、占卜、祷告对于他们来说都是没有用的，技艺高的就一定获胜。建立功名也是这样，关键在于得到贤人。魏文侯以卜子夏为师，与田子方交友，对段干木以礼相待，就使国家太平，自身安逸。天下贤明的君主，难道一定得劳身、费心吗？抓住关键的东西就行了。霜雪雨露应时而来，万物就会生长了，人民就会安乐了，疾病与妖孽也就会远离人们。所以人们说到尧的仪容，说他的衣服宽大下垂，这是说他很少有政务啊！

【原文】

宓子贱治单父[1]，弹鸣琴，身不下堂而单父治。巫马期以星出[2]，以星入，日夜不居，以身亲之，而单父亦治。巫马期问其故于宓子。宓子曰：“我之谓任人，子之谓任力。任力者故劳，任人者故逸。”宓子则君子矣，逸四肢，全耳目，平心气，而百官以治，〔人民以〕义矣，任其数而已矣[3]。巫马期则不然，弊生事精[4]，劳手足，烦教诏，虽治犹未至也。

【注释】

〔1〕宓子贱：名不齐，字子贱，春秋末鲁国人，孔子的弟子，曾为单父宰。单父：县名，即今山东省单县。

〔2〕巫马期：姓巫马，名施，字子期，孔子弟子。

〔3〕数：术数，方法。

〔4〕弊生事精：弊生使精（依于省吾说）。意即损害生命，耗费精神。

【译文】

宓子贱治理单父，静坐弹琴，不出房门就把单父治理得很好。巫马期早出晚归，日夜不休息，亲自处理各种事情，也把单父治理得很好。巫马期问宓子这其中的原因。宓子说："我这叫使用人才，你那叫使用力气。使用力气的人当然劳苦，使用人才的人当然安逸。"宓子贱可以说是君子了。他使自己四肢安逸，耳目保全，心气平和，就把百官的事务处理得很好了，他这不过是用了正确的方法罢了。巫马期却不是这样。他损伤生命，耗费精气，使手足疲劳，使教令烦琐，尽管也治理得不错，但不算是治理得最好的。

爱　类

【原文】

仁于他物，不仁于人，不得为仁。不仁于他物，独仁于人，犹若为仁。仁也者，仁乎其类者也。故仁人之于居也，可以便之〔1〕，无不行也〔2〕。《神农之教》曰〔3〕："士有当年而不耕者，则天下或受其饥矣；女有当年而不绩者，则天下或受其寒矣。"故身亲耕，妻亲绩，所以见致民利也〔4〕。贤人之不远海内之路〔5〕，而时往来乎王公之朝，非以要利也，以民为务故也。人主有能以民为务者，则天下归之矣。王也者，非必坚甲利兵选卒练士也〔6〕，非必隳人之城郭、杀人之士民也〔7〕。上世之王者众矣，而事皆不同。其当世之急、忧民之利、除民之害同。

【注释】

〔1〕便：利。

〔2〕行：为，实行。

〔3〕神农之教：疑指《汉书·艺文志》所著录的农家著作《神农》二十篇。刘

向《别录》题为李悝及商君所说，王应麟疑为许行所为。

〔4〕见(xiàn)：显示。致民利：给人民带来利益。

〔5〕远：用作动词，以……为远。

〔6〕选：优秀的。

〔7〕隳(huī)：毁坏。

【译文】

对其他物类仁爱，对人却不仁爱，不能算是仁；对其他物类不仁爱，只是对人仁爱，仍然算是仁。所谓仁，就是对自己的同类仁爱。所以仁德的人对于百姓，如果能使百姓便利，就没有什么事情不去做的。神农教导说："男子有正当成年却不种田的，天下就可能会有人因此而挨饿；女子有正当成年却不绩麻的，天下就可能会有人因此而受冻。"所以神农本人亲自种田，他的妻子亲自绩麻，以此表示要为百姓谋利。贤能的人不顾海内路途遥远，时常往来于君主的朝廷，他们这样并不是谋求私利，而是为百姓谋利。君主中如果有为民谋利的，天下就会归附他了。为王天下的，并不一定要靠坚硬的铠甲、锐利的武器、经过选拔的兵卒和训练有素的猛士，不一定非要毁坏人家的城郭，杀戮人家的臣民。上古统一天下的人很多，他们的情形都不相同，但他们承担社会的急难，关心百姓的利益，消除百姓的祸害，这些都是相同的。

【原文】

公输般为（高）云梯〔1〕，欲以攻宋。墨子闻之，自鲁往，裂裳裹足〔2〕，日夜不休，十日十夜而至于郢，见荆王曰："臣北方之鄙人也〔3〕，闻大王将攻宋，信有之乎？"王曰："然。"墨子曰："必得宋乃攻之乎？亡其不得宋且不义犹攻之乎〔4〕？"王曰："必不得宋，且有不义，则曷为攻之？"墨子曰："甚善。臣以宋必不可得。"王曰："公输般，天下之巧工也，已为攻宋之械矣。"墨子曰："请令公输般试攻之，臣请试守之。"于是公输般设攻守之械，墨子设守宋之备。公输般九攻之〔5〕，墨子九却之，不能入，故荆辍不攻宋。〔故曰〕墨子能以术御荆、免宋之难者，此之谓也。

【注释】

〔1〕公输般：古代著名的能工巧匠，因系鲁国人，又称鲁班。姓公输，名般。

〔2〕裂裳裹足：撕开衣服作裹腿布。

〔3〕鄙人：野人，小人。

〔4〕亡(wú)其：还是。

〔5〕九：虚数，言其多。

【译文】

公输般制作高大的云梯，想用来攻打宋国。墨子听说了这件事情，就从鲁国前往楚国，他撕了衣裳裹脚，日夜不停地走，走了十天十夜到了郢都。墨子拜见楚王说："我是北方的一个粗人，听说大王想进攻宋国，确实有这回事吗？"楚王说："有。"墨子说："您是认为一定能得到宋国这才攻打宋国的，还是认为纵使得不到宋国且要落下不义的名声也要攻打它呢？"楚王说："如果得不到宋国，而且有不义的名声，那为什么还要攻打宋国呢？"墨子说："您说得很好。我认为您一定得不到宋国。"楚王说："公输般是天下最有名的能工巧匠，他已经制作好攻打宋国用的器械了。"墨子说："请您让公输般试着攻一攻，让我来试着守一守。"于是公输般设置攻宋的器械，墨子设置守宋的设备。公输般多次进攻，墨子多次把他打退，公输般不能攻入城中，所以楚国不再进攻宋国。所谓墨子能够设法抵御楚国而解救宋国的危难，说的就是这件事。

太保戈　西周兵器。1964年出土于河南省洛阳市北窑村。通长23.7厘米，援宽4厘米，内宽2.8厘米。正面铸"太保"，背面铸"冓"。现藏于洛阳文物工作队。

【原文】

圣王通士不出于利民者无有〔1〕。昔上古龙门未开〔2〕，吕梁未发〔3〕，河出孟门〔4〕，大溢逆流，无有丘陵沃衍〔5〕、平原高阜〔6〕，尽皆灭之，名曰鸿水。禹于是疏河决江〔7〕，为彭蠡之障〔8〕，干东土〔9〕，所活者千八百国，此禹之功也。勤劳为民，无苦乎禹者矣。

【注释】

〔1〕通士：知识渊博、通达事理的人。

〔2〕龙门：龙门山，又名禹门口，在山西省河津县西北和陕西省韩城县西北，

峭壁夹黄河对峙，形如阙门，故称龙门。

〔3〕吕梁：《尚书·禹贡》中的梁山，在陕西省韩城县，在黄河岸边，传说为禹所开凿。

〔4〕孟门：山名，在山西省吉县西，横亘黄河两岸，因在龙门之北，又称龙门上口。

〔5〕沃衍：土地肥美。

〔6〕皋：高地。

〔7〕决：打开缺口。

〔8〕彭蠡：鄱阳湖。障：堤防。

〔9〕干东土：使东方水退土干。

【译文】

贤明的君王和通达的士人，他们的言行不出于为民谋利这一目的的没有。上古时代，龙门山还没有开凿，吕梁山还没有打通，黄河从孟门山漫过，大小泛滥横流，丘陵、沃野、平原、高山全都被淹没了，人们把它叫作“鸿水”。于是禹疏通黄河，导引长江，筑起彭蠡泽的堤防，使东方洪水消退，救活的国家有一千八百多个。这是禹的功绩啊！为百姓操劳，没有比禹更辛苦的了。

【原文】

匡章谓惠子曰[1]：“公子学去（尊）〔争〕[2]，今又王齐王，何其到也[3]？”惠子曰：“今有人于此，欲必击其爱子之头，石可以代之。”匡章曰：“公取之代乎，其不与[4]？”〔惠子曰〕“施取代之。子头所重也，石所轻也。击其所轻以免其听重，岂不可哉？”匡章曰：“齐王之所以用兵而不休，攻击人而不止者，其故何也？”惠子曰：“大者可以王，其次可以霸也。今可以王齐王而寿黔首之命[5]，免民之死，是以石代爱子头也，何为不为？”民寒则欲火，暑则欲冰，燥则欲湿，湿则欲燥。寒暑燥湿相反，其于利民一也。利民岂一道哉？当其时而已矣[6]。

【注释】

〔1〕匡章：人名，其事不详。

〔2〕学：学说。去尊：废弃尊位。

〔3〕到：同“倒”。指言行相反。

〔4〕与：语气词，后来写作“欤”。

〔5〕寿：用作动词，使……长寿。

〔6〕当：适合。

【译文】

匡章对惠子说：“您的学说主张去除贪争之心，现在却尊好战的齐王为王。您的言行为什么如此矛盾呢？”惠子说：“假如有这样一个人，迫不得已，一定得打自己爱子的头，而爱子的头又可以用石头代替——”匡章接过来说：“您是用石头代替呢？还是不这样做呢？”惠子说：“我是要拿石头来代替爱子的头的。爱子的头重要，石头轻贱，打轻贱的东西而使重要的东西避免受害，这样做为什么不可以呢？”匡章又问：“齐王用兵不休，攻战不止，这是什么缘故呢？”惠子说：“因为这样做往大处说可以称王天下，差一些也可以称霸诸侯。现在可以用尊齐王为王的方法使齐王罢兵而给百姓添寿，免于死亡，这正是用石头代替爱子的头啊！为什么不去做呢？”百姓寒冷了就希望得到火，炎热了就希望得到冰，干燥了就希望潮湿些，潮湿了就希望干燥些。寒冷与炎热，干燥与潮湿互相对立，但它们在利于百姓方面是一样的。为民谋利岂止一种办法呢！只不过要适合时宜罢了。

慎　　行

【原文】

行不可不孰〔1〕。不孰，如赴深溪，虽悔无及。君子计行虑义，小计行其利〔2〕，乃不利。有知不利之利者，则可与言理矣。

【注释】

〔1〕孰：通“熟”，这里指深思熟虑。

〔2〕其：通“期”（依陶鸿庆说），期求。

【译文】

行动不能不审慎。不审慎就如同坠向深谷，虽然后悔但也来不及了。君子行动前考虑的是道义；小人的所作所为是从私利出发的，往往见利忘义，反受其害。有知道这种利害关系的人，就能与他们讲道理了。

【原文】

荆平王有臣曰费无忌[1]，害太子建[2]，欲去之。王为建取妻于秦而美，无忌劝王夺〔之〕。王已夺之，而疏太子。无忌说王曰："晋之霸也，近于诸夏，而荆僻也，故不能与争。不若大城城父而置太子焉[3]，以求北方，王牧南方，是得天下也。"王悦，使太子居于城父。居一年，乃恶之曰："建与连尹将以方城外反[4]。"王曰："已为我子矣，又尚奚求？"对曰："以妻事怨。且自以为犹宋也[5]，齐、晋又辅之，将以害荆，其事已集矣[6]。"王信之，使执连尹。太子建出奔。左尹郄宛[7]，国人说之。无忌又欲杀之，谓令尹子常曰[8]："郄宛欲饮令尹酒。"又谓郄宛曰："令尹欲饮酒于子之家。"郄宛曰："我贱人也，不足以辱令尹。令尹必来辱[9]，我且何以给待之？"无忌曰："令尹好甲兵，子出而置之门，令尹至，必观之，已，因以为酬[10]。"及飨日[11]，惟门左右而置甲兵焉[12]。无忌因谓令尹曰："吾几祸令尹。郄宛将杀令尹，甲在门矣。"令尹使人视之，信，遂攻郄宛，杀之。国人大怨，动（作）〔胙〕者莫不非令尹[13]。沈尹戌谓令尹曰[14]："夫无忌，荆之谗人也，（亡夫）〔丧〕太子建[15]，杀连尹奢，屏王之耳目，今令尹又用之，杀众不辜，以兴大谤，患几及令尹。"令尹子常曰："是吾罪也，敢不良图。"乃杀费无忌，尽灭其族，以说其国[16]。动而不论其义[17]，知害人而不知人害己也，以灭其族，费无忌之谓乎！

【注释】

〔1〕荆平王：楚平王，名熊居。费无忌：《左传》作"费无极"，其官为太子少师，是拨弄是非的佞臣。

立鹤方壶　春秋后期，通高122厘米，宽54厘米，重64千克。1923年出土于河南新郑。现藏于北京故宫博物院。

〔2〕害：妒忌。太子建：楚平王之子，后逃往宋国和郑国。

〔3〕城父(fǔ)：楚北部边邑，故治在今河南省宝丰县东四十里。

〔4〕连尹：楚官名，指伍奢(伍子胥之父)。方城：山名，在今河南省叶县南，为楚国北部关阨。外：城父在方城北，楚在南，故称外。

〔5〕犹宋：指像宋国一样处于受欺的地位。

〔6〕集：成功。

〔7〕左尹：楚官名，位在令尹之下。郄(xì)宛：字子恶。

〔8〕令尹：楚官名，为百官之长。子常：名囊瓦，令尹子囊之孙。

〔9〕来辱：自谦之词，即来寒舍受辱。

〔10〕因以为酬：乃以所陈甲兵为酬献。

〔11〕飨：以酒食招待人。

〔12〕惟：通"帷"，设帷帐。

〔13〕动作者："动作"二字不通，疑系"进胙"之误(依王念孙说)。

〔14〕沈尹戌：楚庄王的曾孙，姓沈，名诸梁，字子高。

〔15〕夫：衍文(依毕沅说)。

〔16〕以说其国：以此取悦于国人。说，通"悦"。

〔17〕不论其义：不讲道义。

【译文】

楚平王有个大臣叫费无忌，嫉恨太子建，还想除掉太子。平王从秦国给太子建娶了个妻子，长得很美，费无忌劝平王把她夺过来，平王就照他说的做了，从而疏远了太子。费无忌劝平王说："晋王之所以称霸，是因为距各诸侯国近，而我们楚国太偏僻，不能够与晋国争霸。不如扩大城父城，将太子安置在那里，以谋取北方的宋、郑、鲁、卫，大王您收取南方的吴越，这样就可以得天下了。"平王很高兴地同意了，让太子住在城父城里。太子在那里才一年，费无忌就诬陷他说："太子建与连尹将要在方城外发动叛乱。"楚平王说："他已经是我的太子了，还想要怎样？"费无忌应对说："因为他妻子的事结了怨，而且他自以为如同宋国一样，有齐国、晋国的帮助就可以加害于我国了，他们已经谋划好了。"平王相信了他，派人逮捕了连尹，太子建跑掉了。左尹郄宛，楚国人都很爱戴他，费无忌又想杀他，就对令尹子常说："郄宛想请令尹您喝酒。"又去对郄宛说："令尹想来你家喝酒。"郄宛说："我地位低贱，不足让令尹有辱身份到我这里喝酒，如果他一定要来，我该如何招待他呢？"费无忌说："令尹喜欢兵甲，你将兵甲布置在门口，令尹到了，看过后一定会酬劳你的。"到了请客的那天，左尹郄宛便在门两侧布置了兵甲。费无忌就去对令尹说："我差一点害了令尹，郄宛想要杀您，已在门口布置了兵甲。"令尹派人去察看，果然如此，于是出兵攻击郄宛并杀了他。民众对这事非常愤怒，没有不说令尹的不是的。沈尹戌对令尹说："费无忌这个人，是楚国专说别人坏话的人，他使太子建逃奔他国，杀害了连尹伍奢，堵塞了国王的视听。现在令尹又听了他的话，杀死了这么多无辜，老百姓指责您的过错的人不少，祸患险些要降到您头上了。"于是令尹杀了费无忌，连他同族的人也都杀尽了，想用这种办法取悦群众。做事情不讲道义，只知道害别人而不知道这也是在害自己，最终招致自己家族的毁灭，这难道说的不是费无忌吗？

【原文】

崔杼与庆封谋杀齐庄公〔1〕。庄公死，更立景公，崔杼相之。庆封又欲杀崔杼而代之相，于是椓崔杼之子〔2〕，令之争后〔3〕。崔杼之子相与私哄，崔杼往见庆封而告之。庆封谓崔杼曰："且留，吾将兴甲以杀之。"因令卢满嫳兴甲以诛之〔4〕，尽杀崔杼之妻子及枝属，烧其室屋，报崔杼曰："吾已诛之矣。"崔杼归无归，因而自绞也。庆封相景公，景公苦之。庆封出猎，景公与陈无宇、公孙灶、公孙虿诛封〔5〕。庆封以其属斗，不胜，走如鲁。齐人以为让〔6〕，又去鲁而如吴，〔吴〕王予之朱方〔7〕。荆灵王闻之，率诸侯以攻吴，围朱方，拔之，得庆封，负之斧质，以徇于诸侯军〔8〕，因令其呼之曰："毋或如齐庆封，弑其君而弱其孤，以亡其大夫〔9〕。"乃杀之。黄帝之贵而死，尧、舜之贤而死，孟贲之勇而死〔10〕，人固皆死。若庆封者，可谓重死矣〔11〕。身为僇〔12〕，支属不可以（见）〔完〕〔13〕，行忮之故也〔14〕。凡乱人之动也，其始相助，后必相恶。为义者则不然，始而相与，久而相信，卒而相亲，后世以为法程〔15〕。

【注释】

〔1〕崔杼：齐大夫，棠公死，崔杼见其妻棠姜美，取为妻，后庄公与棠姜私通，崔杼杀庄公，立景公，自为相，后为庆封所杀。谥武子。庆封：齐大夫，字子家。齐庄公：名光。

〔2〕㧑：通“嗾”，唆使，挑拨。

〔3〕后：后嗣，继承人。

〔4〕卢满嫳（piè）：齐大夫，一作“卢蒲嫳”，庆封的私党。

〔5〕陈无宇：齐大夫，谥桓子。公孙灶：齐大夫，字子雅。公孙虿（chài）：齐大夫，字子尾。后二人为齐国宗室。

〔6〕让：以辞相责。

〔7〕朱方：春秋吴邑，在今江苏省丹徒县。

〔8〕徇：巡行示众。

〔9〕亡：通“盟”。

〔10〕孟贲（bēn）：春秋时勇士。

〔11〕重死：自身被戮，亲属不能保全而同死。

〔12〕僇：同“戮”。

〔13〕支属：同“枝属”。见：当作“完”（依王念孙说），保全。

〔14〕行：施行。忮（zhì）：嫉恨。

〔15〕法程：效法的标准。

【译文】

崔杼与庆封谋杀了齐庄公，庄公死后又立了景公。崔杼当了景公的丞相。庆封又想杀死崔杼而取代他为丞相，于是就唆使崔杼的儿子们，让他们争夺继承权。崔杼的儿子们发生内讧，崔杼去见庆封并给他说了这件事，庆封对崔杼说：“请稍等，我派兵杀了他们。”就命令卢满嫳带兵杀了崔杼的妻儿老小及亲戚，并放火烧了住处。给崔杼报告说：“我已杀掉他们了。”崔杼无家可归，就上吊自杀了。庆封于是成为景公的丞相，景公很受庆封之苦。庆封外出打猎，景公让陈无宇、公孙灶、公孙虿去杀庆封。庆封率领他的部下应战，打败后逃向鲁国。齐国人指责鲁国收留庆封，庆封就离开鲁国到了吴国。吴国把朱方城封给了庆封。楚灵王听说后，率领诸侯军攻打吴国，包围并拿下了朱方城，捕获了庆封，给他身上架着刀斧在诸侯军中示众，还让他高呼：“不得再像齐国的庆封，谋害国君，欺辱国君的遗孤，并以此来

与大夫结盟。”于是杀了庆封。黄帝那么高贵，但还是死了，尧、舜那么贤能也死了，孟贲那么勇敢也死了，人注定要死，像庆封这样的，可以说是死得够惨的人，被杀后尸体都不能保全，这是因为他为人处事太凶恶了。凡是作乱的人在一起共事，开始时互相帮助，后来就会反目成仇。主持正义的人则不是这样，他们开始互相协作，时间久了就会互相信任，最终会相亲相近，后世把这个当作一条规律。

贵　直

【原文】

贤主所贵莫如士。所以贵士，为其直言也。言直则枉者见矣[1]。人主之患，欲闻枉而恶直言，是障其源而欲其（水）〔流〕也，水奚自至？是贱其所欲而贵其所恶也[2]，所欲奚自来？

【注释】

〔1〕枉者：指邪曲之言，与直言相反。见（xiàn）：显露。

〔2〕所欲：指闻枉。所恶：指直言。

【译文】

贤明的君主所看重的莫过于士人，之所以看重士人，是因为他们言谈正直。言谈正直，迂曲就显现出来了。君主的隐患在于想听迂曲的话而厌恶正直的言谈。这就等于阻塞水源又想得到水，水又从哪里来呢？这也就等于轻贱自己想要得到的而看重自己所厌恶的，想要得到的又从哪里来呢？

【原文】

能意见齐宣王[1]。宣王曰：“寡人闻子好直，有之乎？”对曰：“意恶能直？意闻好直之士，家不处乱国，身不见污君。（身今）〔今身〕得见王[2]，而家宅乎齐，意恶能直？”宣王怒曰：“野士也！”将罪之。能意曰：“臣少而好（事）〔争〕[3]，长而待之[4]，王胡不能与野士乎[5]？将以彰其所好耶？”王乃舍之。能意者，使谨乎论于主之侧，亦必不阿主。不阿〔主〕[6]，〔主〕之所得岂少哉？此贤主之所求，而不肖主之所恶也。

【注释】

〔1〕能意：姓能，名意，齐国直言之士。

〔2〕身今得见王：当作“今身得见王”（依王念孙说）。

〔3〕好事：指好直言。“事”当作“争”，因形近而误（依陶鸿庆说）。

〔4〕待：通“持”，保持。

〔5〕与：通“以”，用。

〔6〕不阿：当作“不阿主”（依孙人和说）。

【译文】

能意去见齐宣王，宣王说：“寡人听说你喜好正直，有这样的事吗？”能意回答说：“能意我哪里能做到正直，我听说喜好正直的人，他的家不在混乱的国家居住，他自己也不去见污秽的君主。如今我来见大王您，还把家安在齐国，我哪里能做到正直？”宣王生气地说：“真是个粗野之士！”打算治他的罪。能意说：“我年轻时就很好事，成年以后一直就这样，您为什么不能与这样的粗野之士相处呢？为什么不能以此来表彰他对正直的喜好呢？”齐宣王于是赦免了他。像能意这样的人，如果让他在君主身边谨慎地议事，也一定不会偏袒、迎合君主。不迎合君主，君主得到的好处难道会少吗？这是贤明的君主所追求的，不肖的君主所厌恶的。

秦始皇陵一号铜车马　通长225厘米，通高152厘米，重1061千克。为兵车，现藏于西安秦始皇陵兵马俑博物馆。

【原文】

狐援说齐湣王曰[1]：“殷之鼎陈于周之廷，其社盖于周之屏[2]，其干戚之音，（在）〔充〕人之游[3]。亡国之音，不得至于庙；亡国之社，不得见于天；亡国之器陈于廷，所以为戒。王必勉之。其无使齐之大吕陈之廷[4]，无使太公之社盖之屏，无使齐音，充人之游[5]。”齐王不受。狐援出而哭国三日，其辞曰：“先出也，衣絺纻[6]；后出也，满囹圄。吾今见民之洋洋然东走而不知所处[7]。”齐王问吏曰：“哭国之法若何？”吏曰：“斫[8]。”王曰：“行法。”吏陈斧质于东闾，不欲杀之，而欲去之。狐援闻而蹶往过之。吏曰：“哭国之法斫。先生之老欤昏欤？”狐援曰：“曷为昏哉？”于是乃言曰：“有人自南方来，鲋入而鲵居[9]，使人之朝为草而国为墟。殷有比干，吴有子胥，齐有狐援。已不用若言，又斫之东闾。每斫者以吾参夫二子者乎[10]？”狐援非乐斫也，国已乱矣，上已悖矣，哀社稷与民人，故出若言。出若言非平论也，将以救败也，固嫌于危。此触子之所以去之也[11]，达子之所以死之也。

【注释】

〔1〕狐援：《战国策·齐策》作“狐猨”，《古今人表》作“狐爰”。《齐策》说他为齐负郭之民。齐湣王：齐宣王之子。

〔2〕社：祭祀土神之处，也是国家政权的象征。屏：指屏障。

〔3〕干戚之音：代指殷朝的宫廷音乐。在：当作“充”（依许维遹说）。

〔4〕大吕：齐国钟名。

〔5〕齐音：指齐国的宫廷音乐。

〔6〕衣絺纻(chī zhù)：絺是用葛草织成的细布。纻是用苎麻织的粗布。絺纻是自由民穿的衣服，古时奴隶衣赭衣。此句言先出者尚可为自由民，后出者必为奴隶。

〔7〕洋洋然：犹茫茫然。

〔8〕斫(zhuó)：斩。

〔9〕鲋(fù)：小鱼。鲵：大鱼。这句话是隐语又是预言。陈奇猷认为有所指，淖齿自楚入齐，故说“有人自南方来”。淖齿以救齐为名而入齐，相湣王而杀湣王，如同小鲋之入齐，又如贼鲵之居于齐，故说鲋入而鲵居。

〔10〕每斫者：指齐湣王。“每”通“谋”（依陈奇猷说）。叁(sān)：作动词用，使比并为三。

〔11〕触子：与下句的“达子”，都是齐湣王之臣。

环带纹壶　春秋后期。通高43.5厘米，宽25厘米，重8.11千克。

【译文】

狐援劝说齐湣王道：“殷商的鼎被陈列在周的朝廷，殷商的庙社被周修建的房屋所掩盖，殷商的舞曲被周人玩赏。亡国的音乐不得进入宗祠，亡国的庙社不得见到天日，亡国的器物被陈列在朝廷，用来告诫后人。您一定要勤勉啊！千万不要让齐国的钟律摆在别国的朝廷，不要让太公建起的庙社为别人的房屋所遮盖，不要让齐国的音乐用于别人的游乐。”齐王不接受他的劝谏。狐援出来后为国家痛哭了三天，哭道：“先离开的，尚可穿布衣做自由人，后离开的，将被关在监狱里。我就要看到老百姓仓惶东逃，不知该在哪里居留了。”齐王问狱官说：“他这样哭丧国家，该如何处治？”狱官说：“斩。”齐王说：“动刑吧！”狱官把刑具摆在国都东门，不想真地杀死狐援，只想把他吓跑。狐援听到这个消息，反倒急急忙忙去见狱官。狱官说：“哭国家的丧是要杀头的，先生是老昏头了吗？”狐援说：“什么叫老昏头呢？”于是又说：“有人从南方来，进来时像小鲋鱼那样温顺，住下以后却像大鲵鱼那样凶残，使人家的朝廷变成草莽，使人家的国家变成废墟。殷商有个比干，楚国有个伍子胥，齐国有个狐援。既然不听我的话，还要在东门杀我，这就是要把我同比干、伍子胥相提并论吧！”狐援并不是乐于被杀，是因为国家太混乱了，君主太昏聩了。他哀怜国家和人民，才说这样的话的。这些话并不是公平之论，因为他想挽救国家的危亡，所以所说的话必然有点危言耸听之嫌。这正是触子抛弃齐国出走的原因，也是达子为齐国战死的原因。

【原文】

赵简子攻卫附郭[1]，自将兵。及战，且远立，又居于犀蔽（屏）〔犀〕橹之下[2]，鼓之而士不起，简子投桴而叹曰：“呜呼！士之速弊一若此乎？”行人烛过免胄横戈而进曰[3]：“亦有君不能耳，士何弊之有？”简子艴然作色曰[4]：“寡人之无使，而身自将是众也，子亲谓寡人之无能，有说则可，无说则死。”对曰：“昔吾先君献公即位五年，兼国十九，用此士也，惠公即位二年，淫色暴慢，身好玉女，秦人袭我，逊去绛七十〔里〕[5]，用此士也。文公即位二年，（底）〔砥〕之以勇[6]，故三年而士尽果敢；城濮之战，五败荆人；围卫取曹，拔石社[7]；定天子之位，成尊名于天下，用此士也。亦有君不能耳，士何弊之有？”简子乃去犀蔽（屏）〔犀〕橹而立于矢石之所及，一鼓而士毕乘之[8]。简子曰：“与吾得革车千乘也[9]，不如闻行人烛过之一言。”行人烛过可谓能谏其君矣，战斗之上[10]，枹鼓方用，赏不加厚，罚不加重，一言而士皆乐为其上死。

【注释】

〔1〕附郭：逼近外城。

〔2〕犀蔽屏橹：当作“犀蔽犀橹”（依陈奇猷说）。犀蔽即用犀牛皮做的屏障。犀橹即用犀牛皮蒙的大盾。

〔3〕行人：官名。烛过：人名。

〔4〕艴(bó)然作色：因盛怒而脸变色。

〔5〕逊：逃遁，退。去：离开。七十：当作“七十里”（依陈奇猷说）。

〔6〕底：通“砥”，磨砺。

〔7〕石社：地名。

〔8〕乘：登，指登上敌城。

〔9〕与：与其。革车：兵车。

〔10〕战斗之上：犹战斗之间或战斗之时。

【译文】

赵简子进攻卫国，逼到了城墙下，他亲自统领军队，到了交战的时候，却远远地站着，并躲在掩体、屏障之后。简子击鼓，士兵却动也不动，简子扔掉鼓槌而叹息道：“哎！士兵竟然这么快就变坏了！”行人烛过摘下头盔，横握着戈进言道：“是您有些地方没有能做到罢了，士兵有什么不好？”简子怒形于色，说：“我不委派别人而亲自统领这些士兵，你却当面说我有些地方没有能够做到。你的话有理便罢，没理就治你死罪！”行人烛过回答说：“从前我们的先君献公，在位五年就兼并了十九个国家，用的就是这样的士兵。惠公在位二年，贪淫好色，残暴傲慢，喜好美女，秦国人袭击我们的国家，我军溃逃到离绛城七十里的地方，用的也是这样的士兵。文公在位二年，用勇武砥砺士兵，因而三年之后士兵都变得非常果敢。城濮之战，五次打败了楚军，围困卫国，夺取曹国，攻占石社，安定了天子的宝位，尊贵的名声扬于天下，用的还是这样的士兵。所以说是您有些地方没能做到罢了，士兵有什么不好？”简子于是离开掩体、屏障，站在弓箭、石帨的射程以内，只击了一次鼓士兵就全部登上了城墙。简子说：“与其让我得到千辆兵车，还不如让我

蟠螭纹鼎　战国后期，通高21.5厘米，宽27.5厘米，重4.63千克。

听到行人烛过一句话！”行人烛过可算得上能劝谏他的君主了。刚一击鼓，赏赐不增多，刑罚不加重，只说了一句话，就使士兵们都乐于为他们的君主效死。

上农

【原文】

古先圣王之所以导其民者，先务于农。民农非徒为地利也[1]，贵其志也。民农则朴，朴则易用，易用则边境安，主位尊。民农则重[2]，重则少私义[3]，少私义则公法立，力专一。民农则其产复[4]，其产复则重徙，重徙则死处而无二虑。民舍本而事末不令[5]，不令则不可以守，不可以战。民舍本而事末则其产约[6]，其产约则轻迁徙，轻迁徙，则国家有患，皆有远志[7]，无有居心。民舍本而事末则好智，好智则多诈，多诈则巧法令，以是为非，以非为是。

【注释】

〔1〕农：作动词用，务农。

〔2〕重：持重，稳重。

〔3〕私义：指与“公义”不合的私家言行标准。

〔4〕产复：产业繁多。

〔5〕本：指农业。末：指工商。不令：不听从号令。

〔6〕约：少。指农产品减少。

〔7〕远志：远徙他处的想法。

【译文】

古时候圣王引导他的百姓的做法，首先是致力于农业。使百姓致力于农业不仅仅是为了地里的出产，还为了陶冶百姓的心志。使百姓致力于农业，他们的思想就会淳朴，淳朴就容易役使，容易役使边境就会安定，君主的地位就会尊贵。使百姓致力于农业，他们的举止就会持重，举止持重就能减少私人交谊，少了私人交谊就能不阿私而使公法得以确立，民力也就能够专一。使百姓致力于农业，他们的家产就会繁多，家产繁多就会害怕迁徙，害怕迁徙就会老死故乡而没有别的考虑。百姓如果舍弃根本的农业而从事其他行业就会不听从命令，不听从命令就不能依靠他们防守，不能依靠他们攻战。百姓如果舍弃农业从事其他行业，他们的家产就很简单，家产简单就会随意迁徙，随意迁徙国家有难时就会试图远走高飞，没有安居之心。百姓如果舍弃农业而从事其他行业，就会喜好玩弄计谋，喜好玩弄计谋，他们的行为就会诡诈多变，行为诡诈多变就会巧妙地钻法令的空子，从而把对的说成错的，把错的说成对的。

【原文】

后稷曰[1]："所以务耕织者，以为本教也[2]。"是故天子亲率诸侯耕帝籍田[3]，大夫士皆有功业[4]。是故当时之务，农不见于国[5]，以教民尊地产也。后妃率九嫔蚕于郊，桑于公田。是以春秋冬夏皆有麻枲丝茧之功[6]，以力妇教也。是故丈夫不织而衣，妇人不耕而食，男女贸功，以长〔以〕生[7]，此圣人之制也。故敬时爱日，非老不休，非疾不息，非死不舍。

【注释】

〔1〕后稷：传说为周族的始祖，名弃，尧时的农官，周族认为他是开始种稷和麦的人。所引"后稷曰"云云，当系古农书之言，为后人伪托。

〔2〕本教：根本的教化。

〔3〕籍田：古代天子诸侯征用民力耕种的田，天子千亩，诸侯百亩。

〔4〕功业：职事。此指士大夫在举行籍田之礼时所要完成的劳动。如"天子三推，三公五推，卿诸侯大夫九推"。

〔5〕见(xiàn)于国：在都邑出现。

〔6〕枲(xǐ)：麻的雄株。

〔7〕贸功：交换劳动所得。

【译文】

后稷说："之所以要致力于耕织，是因为这是教化的根本。"因此天子亲自率领诸侯耕种籍田，大夫、士也都有各自的职事。正当农忙的时节，农民不得在都邑出现，以此教育他们重视田地里的生产。后妃率领九嫔到郊外养蚕，到公田采桑，因而一年四季都有绩麻缫丝等事情要做，以此来尽力于对妇女的教化。所以男子不织布却有衣穿，妇女不种田却有饭吃，男女交换劳动所得以维持生活。这是圣人的法度。所以，要慎守农时，爱惜光阴，不是年老不得停止劳作，不是患病不得休息，不到死日不得舍弃农事。

【原文】

上田，夫食九人[1]。下田，夫食五人。可以益，不可以损。一人治之，十人食之，六畜皆在其中矣[2]。此大任地之道也[3]。

【注释】

〔1〕上田：上等土地。夫：指一个男劳力所耕种的田地。食(sì)：供养。

〔2〕六畜皆在其中矣：这是说饲养六畜所需的土地也在“夫田”之中。

〔3〕任地：使用土地。

铜镬　战国农具，1933年出土于安徽省寿县朱家集。长7.6厘米，宽4.9厘米。现藏于安徽省博物馆。

【译文】

种上等田地，每个农夫要供养九个人，种下等田地，每个农夫要供养五个人，供养的人数只能增加，不能减少。总之，一个人种田，要供十个人消费，饲养的各种家畜都包括在这一要求之内，可以折合计算。这是充分利用土地的方法。

【原文】

故当时之务，不兴土功，不作师徒[1]，庶人不冠弁[2]、娶妻、嫁女、享祀，不酒醴聚众，农不上闻[3]，不敢私籍于庸[4]，为害于时也。（然后制野禁）苟非同姓[5]，农不出御[6]，女不外嫁，以安农也。

【注释】

〔1〕师徒：指军队。

〔2〕冠(guàn)弁(biàn)：此指举行冠礼。古代男子二十岁时要举行冠礼，以示成年。

〔3〕上闻：名通于天子。

〔4〕私籍于庸：私自雇人代耕。

〔5〕野禁：有关田野的禁令。

〔6〕农：农夫。出御：从外地娶妻。

【译文】

所以正当农忙时节，不要大兴土木，不要进行战争。平民如果不是加冠、娶妻、嫁女、祭祀，就不得摆酒聚会。农民如果不是名字通于官府，就不得私自雇人代耕。因为这些都妨害农时。如果不是因为同姓的缘故，男子就不得从外地娶妻，女子也不得出嫁到外地，以使农民安居一地。

【原文】

野禁有五：地未辟易[1]，不操麻，不出粪。齿年未长[2]，不敢为园囿。量力不足，不敢渠地而耕[3]。农不敢行贾，不敢为异事。为害于时也。

【注释】

〔1〕辟易：整治。

〔2〕齿年：年龄。长(zhǎng)：指年高，长辈。

〔3〕渠：大，扩大。

【译文】

乡野的禁令有五条：土地尚未整治，不得缉麻，不得清除污秽；不到年龄，不得从事园圃中的劳动；估计力气不足，不得扩大耕地；农民不得经商；不得去做其他的事情。因为这些都会妨害农时。

【原文】

然后制四时之禁：山不敢伐材下木，泽(人)不敢灰僇[1]，缳网罝罦不敢出于门[2]，罛罟不敢入于渊，泽非舟虞，不敢缘名[3]，为害其肘也。

【注释】

〔1〕泽人："人"字为衍文。灰僇：杀草烧灰。"僇"通"戮"(用谭介甫说)。

〔2〕缳(huán)：捕兽之具，与罗网同类。 罝(jū)：捕兽网。罦(fú)：捕鸟网。

〔3〕舟虞:管理舟船的官。缘名：“名”当为“绝”之讹。“绝”有横渡之意。缘绝即绕泽而行或乘舟横渡(用陈奇猷说)。

【译文】

还要规定各个季节的禁令:不到适当的季节，山中不得伐木取材，水泽地区不得烧灰割草，捕取鸟兽的罗网不得带出门外，鱼网不得下水，不是主管舟船的官员不得借口行船。因为这些事都妨害农时。

【原文】

若民不力田，墨乃家畜[1]，国家难治，三疑乃极[2]，是谓背本反则，失毁其国。凡民自七尺以上，属诸三官[3]。农攻粟，工攻器，贾攻货。时事不共，是谓大凶[4]。夺之以土功，是谓稽[5]，不绝忧惟，必丧其秕[6]。夺之以(水)〔本〕事，是谓籥[7]，丧以继乐[8]，四邻来(虚)〔虐〕[9]。夺之以兵事，是谓厉[10]，祸因胥岁[11]，不举铚艾[12]。数夺民时，大饥乃来。野有寝耒[13]，或谈或歌，旦则有昏，丧粟甚多。皆知其末，莫知其本，真〔□□□，□□□□。〕

【注释】

〔1〕墨乃家畜：没收其家庭财产。“墨”通“没”。“畜”通“蓄”。

〔2〕三疑乃极：指农、工、商三类人互相超越本分而达到极点。

〔3〕三官：指农、工、商三种职业。

〔4〕大凶：大害。指农时与农事不合则致害。

〔5〕稽：迟。指延误农时。

〔6〕不绝忧惟：指农民忧思不绝。惟，思虑。秕(bǐ)：没有长成的谷粒。

〔7〕籥：通“跃”，即今所谓“冒进”。上文“水事”指治水利之事，治水当在农闲之时，若夺农时，就叫冒进(用夏纬瑛说)。

〔8〕这句是说夺农时而治水利，将失去收成，本为可悲之事，却乐而为之。

〔9〕虚：当为“虐”之误。

鎏金刻花银盆　秦代食器。1979年出土于山东淄博市窝托村。高5.6厘米，口径37厘米。为目前唯一一件秦代银器。现藏于山东省淄博市博物馆。

〔10〕厉：祸害。

〔11〕胥岁：荒废岁月。“胥”通“疏”（用陈奇猷说）。

〔12〕铚艾：镰刀之类。

〔13〕寝耒：指耒耜等农具无人使用。

【译文】

如果百姓不尽力于农耕，又自行灭没他们的家畜，国家就难以为治，农、工、商三种行业互相僭越就会达到极点。这就叫作背离根本，违反法则，就会导致国家的丧亡毁灭。凡是百姓，自成年以上，就分别归属于农、工、商三种职业。农民生产粮食，工匠制作器物，商人经营货物。行事与农时不相适应，就称为“大凶”。以大兴土木侵夺农时，叫作“延误”，百姓就会因此忧思不断，田里一定会没有收成。以治水侵夺农时，叫作“浸泡”，悲丧就会继欢乐之后来到，四方邻国就会来侵害。用战争侵夺农时，叫作“虐害”，灾祸就会终年不断，田里也就没有可供收割的庄稼了。连续侵夺农时，严重的饥荒就会发生，田中有的是闲置的农具。而君主仍在谈笑、歌舞，夜以继日，殊不知田野中已损失了很多粮食了。人们往往只知道细枝末节，而不知道根本，太不机敏了！

任　地

【原文】

后稷曰：子能以洼为（突）乎？子能藏其恶而揖之以阴乎？子能使（吾士）〔五土〕靖而圳浴土乎[1]？子能使［五土］保湿安地而处乎？子能使雚（夷）〔荑〕毋淫乎[2]？子能使子之野尽为泠风乎？子能使藁数节而茎坚乎[3]？子能使穗大而坚、均乎？子能使粟圆而薄糠乎？子能使米多沃而食之强乎？（无）〔为〕之若何？

【注释】

〔1〕圳：田野间的水沟。

〔2〕雚：田地里的杂草。

〔3〕藁：谷类植物的茎。

【译文】

后稷说：你能把洼地改造成高地吗？你能把干燥的土壤除掉而代之以湿润的土壤吗？你能使土地适合耕种并能用垄沟排水吗？你能使土地保持湿润并不让墒情散失吗？你能使田里的杂草不滋长蔓延吗？你能使你的田地吹遍和风吗？你能使谷物节多而茎杆坚挺吗？你能使谷物穗大而且饱满均匀吗？你能使籽粒饱满糠皮又薄吗？你能使谷米油性大吃着有嚼头吗？怎样才能做到这些呢？

【原文】

凡耕之大方：力者欲柔，柔者欲力。息者欲劳，劳者欲息。棘者欲肥，肥者欲棘[1]。急者欲缓，缓者欲急[2]。湿者欲燥，燥者欲湿。

【注释】

〔1〕棘：通瘠，即贫瘠。

〔2〕急：指土地坚实。缓：与急相对，指土地疏松。

【译文】

耕作的原则是：坚硬的土地要使它柔和些，柔和的土地要使它坚硬些；休闲的土地要加紧耕种，连年耕种的土地要休耕；贫瘠的土地要使它肥沃，过肥的土地要使它贫瘠些；坚实的土地要使它疏松些，疏松的土地要使它坚实些；过湿的土地要使它干燥些，干燥的土地要使它湿润些。

【原文】

上田弃亩，下田弃圳。五耕五耨，必审以尽。其深殖之度，阴土必得，大草不生，又无螟蜮[1]。今兹美禾，来兹美麦。是以六尺以耜，所以成亩也；其博八寸，所以成圳也；耨柄尺，此其度也；其（耨）〔博〕六寸，所以间稼也。地可使肥，（又）〔不〕可使棘。人肥必以泽，使苗坚而地隙；人耨必以旱，使地肥而土缓。

【注释】

〔1〕螟蜮：螟，一种侵害水稻、高粱玉米等作物的害虫，南方较多。蜮：传说中在水里暗中害人的怪物。螟蜮在此指各种害虫。

【译文】

高处的田地，不要把庄稼种在田垄上；低洼的田地，不要把庄稼种在垄沟里。播种之前耕五次，播种之后锄五次，一定要做到深耕细作。耕种的深度，以见到湿土为准。这样，田里就不生杂草，又没有各种害虫。今年种谷子，就收好谷子；明年种麦子，就收好麦子。耜的长度为六尺，是用来测定田垄的宽窄；它的刃宽八寸，是为了用来挖出标准的垄沟。锄的柄长为一尺，这是作物行距的标准；它的刃宽六寸，这是为了便于间苗。土地，可以使它肥沃，也可以使它贫瘠。耕地一定要趁湿润，这样可使土中有空隙，苗根扎得牢固；锄地一定要在旱时，这样可使地表疏松，保持土壤肥力。

【原文】

草谠大月。冬至后五旬七日，菖始生[1]，菖者百草之先生者也，于是始耕。孟夏之昔，杀三叶而获大麦[2]。日至，苦菜死而资生，而树麻与菽，此告民地宝尽（死）〔矣〕。（凡）〔丸〕草生（藏）〔而〕（日中）〔己中〕出，豨首生而麦无叶，而从事于蓄藏，此告民究也。五时见生而树生，见死而获死。天下时，地生财，不与民谋。

【注释】

〔1〕菖：菖蒲，多年生草本植物，根茎可入药。

〔2〕三叶：指荠、葶苈、菥蓂三种草本植物。

【译文】

草类到十月时枯萎凋零。冬至后五十七天，菖蒲开始萌生。菖蒲是百草中最先萌生的。这时便开始耕地。四月底，荠、葶苈、菥蓂枯死，这时就该收获大麦。到了夏至，苦菜枯死，蒺藜长出，这时就该种植麻和小豆。这是告诉人们种地的宝贵时节已经到了尽头。秋分，豨首生出，谷子黄熟，这时就该进行收打蓄藏。这是告诉人们一年的农事已毕。百草的生死可作为农事活动的依据。一年四季，见到某种草类出生，就要种植应在这时萌生的作物；见到某种草类枯死，就要收获正在这时成熟的作物。上天降四时，土地生财富，这是不以人的意志为转移的。

【原文】

有年瘗土，无年瘗土[1]。无失民时，无使之治下。知贫富利器，皆时至而作，渴时而止。是以老弱之力可尽起，其用日半，其功可使倍。不知事者，时未至而逆之，时既往而慕之，当时而薄之，使其民而（郄）〔却〕之。民既（郄）〔却〕，乃以良时慕，此从事之下也。操事则苦，不知高下，民乃逾处[2]。种稑禾不为稑，种重禾不为重，是以粟少而失功。

【注释】

〔1〕瘗土：瘗原意是掩埋，这里是祭祀之意。

〔2〕逾：迁徙，逃离。

【译文】

丰收要祭祀土神，欠收也要祭祀土神。不要使百姓丧失农时，不要使他们在农时不当的时候从事农作。要使百姓知道致富的方法，做到时令一到就劳作，时令一过就停止劳作。这样就能把老、弱的力量都完全调动起来，收到事半功倍的效果。不懂得农事的人，农时没到来时就去忙着迎接，农时过去后又追念不已。正当农时却不予重视。役使百姓而耽误农时。已经耽误了老百姓的农时，却又因此对大好时光思慕不已。这是管理农事最愚笨的方法。办事情这样低劣，又不知延误农时的重要，百姓就会时时想着迁往他处，于是，种早庄稼不像个早庄稼，种晚庄稼不像个晚庄稼，因而收成少，成效也小。

蔡子鼎　春秋后期，通高33厘米，宽28.2厘米，口径23厘米，重6.77千克。